小学科学课堂教学问题研究

高春秀　毛德录 ◎ 著

首都师范大学出版社
CAPITAL NORMAL UNIVERSITY PRESS

图书在版编目（CIP）数据

小学科学课堂教学问题研究/高春秀，毛德录著.
—北京：首都师范大学出版社，2022.12

ISBN 978-7-5656-7290-3

Ⅰ.①小… Ⅱ.①高… ②毛… Ⅲ.①科学知识—课堂教学—教学研究—小学 Ⅳ.①G623.62

中国国家版本馆CIP数据核字（2023）第001925号

小学科学课堂教学问题研究
XIAOXUE KEXUE KETANG JIAOXUE WENTI YANJIU
高春秀　毛德录◎著

责任编辑	李佳健
首都师范大学出版社出版发行	
地　　址	北京西三环北路105号
邮　　编	100048
电　　话	68418523（总编室）　68982468（发行部）
网　　址	www.cnupn.com.cn
印　　刷	廊坊市印艺阁数字科技有限公司
版　　次	2023年1月第1版
印　　次	2023年1月第1次印刷
书　　号	ISBN 978-7-5656-7290-3
开　　本	710 mm×1000 mm　1/16
印　　张	12.5
字　　数	196千字
定　　价	45.00元

版权所有　违者必究
如有质量问题　请与出版社联系退换

PREFACE 前言

身为教师的纯粹与错失

2019年11月，我有幸与高春秀老师一起参与了在武汉举行的第五届全国特级教师课堂展示的活动，见识到了13节优秀的科学现场课，带给了我很多的启发。自己从中整理，衍生出了相应的创新实验和教学设计。时至今日，我不想过多地探讨科学学科的专业理论和知识，这些会在后续的研究和教学实践中有所体现。今天我想谈的是，这一段经历带给我在教育观和工作观的感悟。

某日中午，刚刚经历了3节课的展示和交流讨论的我，如坐针毡。感觉似乎都能听到自己大脑飞速运转的声音。现场的教学实况、桌上的教学设计、手上不停滑动的签字笔，不时地向身边的高老师请教探讨着某一教学环节的呈现与改良创新。这些画面，一切的一切都太熟悉了，感觉自己内心深处的某个自我被慢慢地唤醒。恨不能立即把这些想法在课堂上实践一番，也想着赶紧回到酒店将这些琐碎的信息进行整理。从晚上10点半到凌晨1点半，历经3个小时的辗转反侧，也不能让兴奋的神经安定下来。四周漆黑一片，脑中灯火通明。一个又一个方案，在失眠的烦躁中逐渐勾勒清晰。

那种感觉，我认为叫纯粹。纯粹地听，纯粹地想，纯粹地想更好。我既苦恼又喜欢。刚刚踏入教师行业那两年，我也曾像今天这样纯粹过，纯粹地盯着电脑屏幕上的老师，揣测他的每一个动作，每一个问题，每一处的设计。

教育，应该是纯粹的。而身为教育者，我们更应该为我们所从事的事业保留一些纯粹。一个实验的重新设计，可以改变学生对于一个概念领域的认知。而杂念，让我们错失的不仅仅是一个实验，更是一个孩子的成长。

"教育应当慢下来"，我非常同意这个观点。我们教育的对象是成长中的孩子，成长从不是一蹴而就，纯粹的教育应当尊重孩子的缓慢，换句话说，慢，是教育应有的纯粹之一。

我们每个人在设想课堂时都是纯粹而美好的，但谁的真实课堂教学不是满地鸡毛呢？孩子的成长是从无到有的过程，需要我们一点点引导、构建。我们自己小时候学习系鞋带也是千辛万苦，怎么孩子两次系不好，我们就摔锅砸碗，不能接受了呢？有时，我们的耐心，就是教育纯粹的初心。比如我用了两周的时间，才慢慢教会孩子怎么收放科学教室的椅子。而事实证明，我们的慢，才会换来孩子纯粹的成长。

诚然，我们在工作生活中，有太多的规定、目标、琐事，让我们很难纯粹地搞教育。回京，我再一次在案牍如山中持续崩溃。当看到孩子的试卷中写道"昆虫都是三条腿"时，心中还是有些失落，感到无力。当一天上了6节课又赶上执勤上校本课时，我也想把之前熬制的鸡汤泼自己脸上。可谁又能真的纯粹地只做一项工作呢？即便是顶级的研究者，也会受到财务、指标等的干扰，何况我们基层的工作人员呢？

在我的日常工作当中，我总会忍不住抱怨，但抱怨之后，还是要把手头的工作尽量地做好。毕竟在世间的诸多忙碌之中，在夹缝中享受生活之后，用自己仅剩的可支配的时间，去尽可能地纯粹地做好一件小事，是我们对自己、对孩子、对教育，最大的尊重。

毛德录

2022年9月

CONTENTS 目录

第一章　如何在探究活动中建构科学概念 ………………………… 001

　　【教学案例】　　《昼夜交替》　　………………………… 005
　　【教学设计一】　《沉浮的秘密》　………………………… 012
　　【教学设计二】　《果实的结构》　………………………… 019
　　【教学设计三】　《饮食与健康》　………………………… 025

第二章　如何根据学生的兴趣点设计教学 ………………………… 032

　　【教学案例一】　"光沿直线传播"实验改进与创新 ………… 036
　　【教学案例二】　基于学生实际进行教学设计 ……………… 039
　　【教学设计】　　《光的传播》　…………………………… 045

第三章　如何培养学生的科学探究能力 …………………………… 052

　　【教学设计一】　《变鼓的袋子》　………………………… 055
　　【教学设计二】　《认识人工世界》　……………………… 064

001

第四章　怎样在小学科学课堂上培养学生的科学思维……………071

　　【教学案例】　　《摆的秘密》……………………………076
　　【教学设计一】　《测力计的使用》……………………079
　　【教学设计二】　《遗传的痕迹》………………………084

第五章　如何在小学科学课堂上培养学生的倾听习惯……………091

　　【教学设计一】　《设计制作起重机模型》……………097
　　【教学设计二】　《运动与静止》………………………105

第六章　怎样培养小学生的质疑能力………………………………114

　　【教学设计一】　《猫头鹰和农田》……………………119
　　【教学设计二】　《物体的位置》………………………127

第七章　怎样运用发展性评测促进学生核心概念的形成…………142

　　【教学案例一】　《鱼漂的秘密》………………………148
　　【教学案例二】　《简易的辘轳展示》…………………153
　　【教学设计】　　《电磁铁》……………………………156

第八章　小学科学教师如何利用课堂诊断技术进行教学反思………163

　　【教学案例一】　《折报纸》……………………………178
　　【教学案例二】　《我们衣服的材料》…………………184
　　【教学设计】　　《我们的衣服材料》…………………188

第一章　如何在探究活动中建构科学概念

科学课堂要围绕概念来组织教学，因为这样做符合人们认知发展的特点，是我们有效认识世界的途径。儿童形成的概念很可能是不全面和不正确的，我们需要及早地帮助他们建构正确的概念，以利于他们进一步的学习。在小学科学中围绕科学概念来组织教育，对提高儿童的学习效率，促进儿童发展是十分重要的。这种教学方法不仅可以让学生有效地组织和记忆知识，而且有助于他们鉴别、类比和推理。有些经验他们可能并没有遇到，但是可以运用已经建立的概念去理解、去扩展，学会运用核心知识和模型来"触类旁通"。可以说，概念是儿童建构更复杂能力的基石。

在很长的时间里面，小学科学教师对于新课程提出的三维目标有过困惑、徘徊，以及在这方面进行艰苦的探索。例如，曾经在一个阶段内，有些老师把科学知识在课堂教学中排除了，也出现过单纯为了探究而探究、把情感态度价值观作为一种附设等等。通过一段艰苦的探索，我们已经认识到把三维目标有机整合在一起的正确途径是用科学探究活动来帮助儿童建构科学概念。具体包括以下几个方面。

一、关注学生前科学概念

调查研究表明：学生在真正学习新的科学概念之前，已经对一些概念有了朴素的理解，而不是空着脑袋的，这种理解可以称为初始想法，或称之为前科学概念、日常概念等，它包含原有的经验和假设，但往往与概念的科学含义不一致。如学生在日常生活中，凭直观感觉形成了"天上飞的是鸟"，由此认为"鸡、鸭、鹅不是鸟"，"蝙蝠是鸟"等前概念；对语词的曲解或错误理解形成"无花果没有花，但是能够结果"；"鲸鱼是鱼"等前概念……我们的科学概念教学就是要将学生的前科学概念转变为科学概念。在某种程度上，科学课的学习可视作改变学生初始想法的过程，不断修正和完善概念的过程，即概念变化的过程。教学要根据学生的经验一步一步地拓展他们的观念，而不要跑到他们经验的前面。

教学中教师在科学概念的教学时首先要充分了解学生的前科学概念，例如在每个单元的开始可以通过让学生绘制维恩图、气泡图、网状图等方式了解学生前概念；或开展一个调查，深入学生中去，以学生朋友的身份，跟学生谈话的方式，充分了解学生的前概念；或采取问卷调查的方式，认真做好记录，收集学生的前概念并进行分析、梳理和归类……这样才能在科学课堂上做到有的放矢。需要注意的是对学生进行前概念的调查时，对于学生表现出的错误的前概念，教师不要急于纠正，应该充分尊重学生的前概念，予以充分的肯定。这样学生才会说出他们真实的想法，教师才能充分了解学生的前概念。

二、在探究活动中建构科学概念的教学策略

在实际的课堂教学中，我们要从学生的前概念出发，从学生身边的、感兴趣的和存疑的问题入手，遵循从具体到抽象、从简单到复杂、循序渐进、由易到难的教学规律，创设宽松的学习环境，设置一定的教学情境，设计有针对性的教学活动，通过一些鲜明的事例，通过特定的探究活动，学生运用已有的经验无法解释观察到的现象或数据，直面错误，产生认知冲突，教师从而引导学生进行认知调整，从而建立新的、正确的科学概念。

1.分层次理解小概念，综合理解大概念。

建构主义教学模式下的一种成熟的教学方法是支架式教学，即教学应当为学习者提供一种概念框架，事先要把复杂的学习任务加以分解，以便于把学习者的理解逐步引向深入。小学科学教材中，有一些科学概念比较抽象，具有足够的复杂性，超出学生原有的知识水平，使学生的建构活动面临困难。而且小学生的认知水平决定了概念的抽象、概括、形成不是一次完成的，而是要经过一系列复杂、反复的过程。因此，对于一些较为复杂的科学概念，教师应该采用将科学概念分解细化的方法，围绕大概念，分解细化出几个子概念，通过精

心设计的有层次的活动,为学生搭建脚手架,不停地将学生的智力从一个水平引导到另一个更高的水平,让学生分层次理解小概念,使科学概念逐渐清晰、明确,并最终使学生建构科学大概念。

例如《运动与静止》一课,教材以"一个物体的运动状态,要看这个物体相对于参照物的位置是否变化,如果发生了变化就是运动的,反之则为静止的"这样一个科学概念的教学为主线,让学生认识"运动与静止"这一科学概念。但学生头脑中有一个根深蒂固的错误认识:动的物体就是运动的,不动的物体就是静止的。如何改变学生的错误想法?在实际教学中,教师将科学概念分解细化,通过几个富有层次梯度的探究活动,为学生搭建概念学习的脚手架,促进学生科学概念的形成,取得了很好的效果。

教师首先将科学概念细化为认识"位置的变化",使学生认识到判断物体的运动要看它的"位置"是否变化;然后又将科学概念细化为认识"参照物",使学生认识到判断物体是否运动要找到一个标准物体,建构"参照物"概念;再将科学概念细化为"参照物选择具有多样性",认识到由于选择了不同的参照物,判断的运动状况也不同;最后扩大认识参照物概念,使学生认识到选择参照物时,既可以选择我们平时认为静止的物体,也可以选择我们平时认为"动"的物体,最终使学生建构了科学概念。教师的这种设计充分遵循了学生的认知规律,通过几个有层次有梯度的活动,将概念分解细化,使科学概念逐渐清晰、明确。学生的思维过程不是一个简单的从因为到所以的过程,而是经过多层次的比较、分析与综合,从而最终建构科学概念。

2.由表及里,体现科学概念的内在本质。

知识不是被动接受的,而是学生主动建构的,学生只有理解学习内容,才能建构科学概念。因此教师在进行教学时,一定要考虑具体教学内容中所折射的科学本质观,并通过相应的教学行为将这种科学本质理解转化为学生的理解,从而建构科学概念。

例如《食物链》一课,在以往的教学过程中,教师总是一味地强调用"谁被谁吃"的方式表示,不能用"谁吃谁"的方式表示,箭头的方向一定要向右,这样学生的概念形成完全是教师强制给予的,死记硬背基础上建构的,学生自己并没有在理解的基础上主动构建概念。虽然有的教师想出了一些其他办法,比如给出公式"A被B吃，箭头指向B"或是将箭头的方向比作动物的小嘴巴，谁要吃就张开嘴等等，但是学生还是不理解为什么要这样做，对于食物链还是基于表层的理解，对食物链本质还是不知道，没有建构核心概念，因此错误还是会犯。现在的教学，教师并不告诉学生食物链应该怎样书写，而是提出一个有意思的问题"人为什么要吃饭"，让学生体会到吃饭是为了给人提供营养，也就是提供能量，从而理解到生物是需要能量来维持生命的，进而理解食物链的本质含义是能量的流动，箭头的方向表示能量的传递方向。如："水稻→田鼠→蛇"，这一条食物链表示水稻被田鼠吃，就将能量传给田鼠，田鼠被蛇吃，就将能量传给蛇，箭头的方向是能量的传递方向。这种基于科学本质的教学，让学生理解科学概念的本质，从而更容易地建构科学概念。

3.活用教材，设计科学合理的实验。

教材是最核心的课程资源，代表着一种理念和实践方法，教师应站在编者角度钻研教材，努力理解和领会教材编写者的设计理念及教学思想，把握其特点，使教材文本所潜藏的资源得到较好的挖掘。但教师不仅要把教材当作引导学生学习的工具、凭借，使教材原本的功能得到合理发挥，而且要在进行教学设计时不被教材所束缚，因地、因人、因时制宜，活用教材，实现课程资源的有机整合。而整合的基本原则就是以人为本，适应学生发展的需要，符合学生建构科学概念的要求。

例如教学《光的传播》一课，"光沿着直线传播"这一科学概念并不难理解，难的是对学生探究的方法与过程的指导。教材中在引导学生认识"光沿直线传播"的概念时，只设计了一个"吸管"实验，让学生通过直的吸管能看见蜡烛，通过弯吸管不能看见蜡烛，来理解科学概念，这样的实验缺乏实证，不能使学生完全信服。于是教师参考《教作为探究的科学》这本书中的方法，将实验进行了改进：在"吸管"实验之前，增加了"用光源（手电筒）通过若干带孔的纸板，在白屏上出现亮点"这个实验，学生在老师引导下逐步完善实验（由两个纸屏到三个，再增加到四个、五个……直到增加无数个），并在多次、反复实验中发现，只有将小孔对齐（在一条直线上）光才能通过小孔，从而初步得出光沿直线传播的结论，教师再引导学生认识到将无数带孔的纸板叠加，这些小孔就形成了一个形如吸管的孔洞，自然而然过渡到"吸管"实验。更为重要的是，教师并没有告诉学生实验方法，而是根据学生的年龄特点及知识水平，先给学生大致的设计方向，再组织学生有目的地改进探究计划、交流和完善自己的计划、亲自动手实施探究，最后对实验得出的信息进行整理而得出结论。在整个活动中，学生就像小科学家那样亲历了科学探究的方法与过程。

三、通过对科学概念的应用，促进概念建构的真正达成

概念应用是实践的认识过程，是概念的具体化过程。概念是否真正形成还要通过概念应用去检验，并且通过概念的应用反过来促进概念的形成和建构。在概念教学中，引导学生经历"从科学走向生活"的过程，实质就是经历科学概念的应用过程，从而实现科学概念的建构。

在学习"蒸发要吸热"概念后，可设计问题："当我们从游泳池出来时，你有什么感觉？为什么感觉到冷？当身上的水干了以后，还感觉到冷吗？"；在学习"光沿直线传播"的概念后，让学生解释小孔成像的原理；在学习"运动"的概念后，让学生在教室中用相机拍出人在天上飞的效果……通过概念的应用，使学生对概念的理解更清晰、更全面、更深刻，能较好地把握概念的内涵和外延，使概念的建构画上圆满的句号。

【教学案例】《昼夜交替》

人类在认识事物过程中，把感知到的事物的共同特征抽象出来，加以概括便形成概念，它反映出客观事物一般的本质和特征。概念可以分为两类：一是生活概念，二是科学概念。前者的形成过程是从具体到抽象的归纳过程，即直接知识的获取过程；后者则是从抽象到具体的演绎过程，即间接知识的获取过程。其中生活概念我们又称它为——"前概念"。学生的前概念代表着学生的认知水平，因此，教师应了解学生的前概念，因势利导，因材施教。但是有时错误地判断学生的前概念认知水平不仅不能促进学生的科学概念的建立，还会阻碍学生的认知发展。在执教《昼夜交替》后，笔者深有体会。

"地球和太阳，谁围绕谁转？"如果我们问现在的小学生，百分之九十以上

的学生能回答：地球围着太阳转。有的甚至还能说出：地球围着太阳转，所以出现白天和黑夜。貌似学生真的掌握了知识，可是事实是这样吗？当我们再继续追问下去"为什么在我们看来是太阳在天空中运动"，那么能回答的就只剩下百分之二三十了，再继续问"为什么太阳在东边升起，西边落下"，能回答上来的学生就凤毛麟角了。那么学生为什么能说出地球围绕太阳转呢？我们可以问一问学生，"家长说的""书上说的""电视上看到的"，也就是说孩子的前概念是被第三方授予的，不是他们自己探究得来的，所以他们只是知道地球围绕太阳转这个表面的概念，而并没有真正掌握本质的科学概念。如果我们没有深挖学生的前概念，以为学生真的掌握了知识，从而设计自己的课堂教学方式呢？这种教学设计建立的本身是在不了解学生的基础之上，就会弱化地球自转是产生昼夜交替的原因，从而阻碍学生的科学概念的建立。在教学中，如何避免这种现象产生呢？笔者在执教《昼夜交替》一课时，是这样设计的。

（一）从学生的生活事实出发，基于实证，认识现象

昼夜交替现象每天都在发生，但正是由于司空见惯，学生才对昼夜现象缺乏探究的欲望。对于学生来说，昼和夜是极为简单的自然现象，他们并不觉得这里面蕴含着什么科学道理。因此，教师就要合理安排教学，使学生认识到昼和夜的不同之处，更能激发探究二者之所以不同的欲望。在教学时，通过展示学生熟悉的校园生活场景，让学生对几幅照片进行排序的方式，使学生不仅能认识昼和夜的区别，更能对白天的太阳运行轨迹进行思考。

课堂实录：

师：同学们，咱们已经在后南仓小学生活了四年，你们对学校一定非常熟悉，好，现在请看屏幕，老师这里有三张照片，你知道这三张照片是在哪拍的吗？

生：后南仓小学。

师：学校的哪儿啊？

生：操场。

师：对，这三张照片是老师在操场上拍的，照片上的太阳，我们看着有点儿不清晰，谁能用这支红笔把太阳的位置标出来？

（学生上台圈出）

师：好，谢谢，标得非常好。现在同学们再来观察一下这三张照片，我们看啊，这三张照片的顺序怎么样，老师放得对吗？

生：不对。

师：哎呀，老师忘记了，我这三张照片到底哪张先拍的呀，你们有什么好办法帮老师排一排顺序吗？我们每组桌上也有这三张照片，现在请按照你的方法把这三张照片按排列顺序排好，并标上1、2、3，好吗？

生：好。

（由于是学生日常生活中常见的场景，学生非常熟悉，很快进行了排序，教师在肯定学生排列顺序后，并不使此环节教学止于此，而是进行了追问。）

师：你能不能告诉老师和同学们，你是用什么方法排序的？

生：我是看太阳排的。

师：每张图都有太阳啊！到底看太阳的什么呢？

生：看太阳从哪边升，哪边降。

师：哦，看太阳的升和落的位置，那哪边升啊？

生：东边升，西边落。

师：看来我们是按照太阳东升西落的运行轨迹为照片排序的。

师：（出示了两幅夜幕下的学校操场图）这次你能按照时间顺序给这两幅图排序吗？

（生尝试排序，但没有成功）

师：为什么排不出顺序呢？到底是什么原因？

生：夜晚太阳落山了，也就没有光了。

熟悉的校园，不同时段校园的区别，以及在此基础上运用太阳在天空中的轨迹为照片排序，这些活动使学生建立了基于实证上的认知。这样，他们对于昼夜交替的现象就是基于自己熟悉的事实来认识的，在认识过程中通过自己对实证的利用（为照片排序）来整理建立理性的观点。

（二）基于实证，理解现象，丰富前概念

在教学本节课之前，教师曾做过前测。在前测中，学生基本上都能认识到地球围绕太阳运行，否定了太阳围绕地球运行，但是当教师进一步提出问题：为什么都说地球围绕太阳转，但是我们看到的却是太阳在天空中运行，围着地球转？学生的表现就是不能解释。这种表现就证明了，学生对于地球围绕太阳转的这个知识是被动接受的，他们并没有真正理解这一事实，由于学生缺乏对宇宙空间的想象力，前概念往往来自于自己的生活经验，平时学生们看到的是太阳东升西落，感受到的是太阳围着地球转，学生的大脑中已经形成了一种固定的模式，日复一日，年复一年，这种模式具有了一定的稳定性，因此在他们思维的深处还是认为太阳是围绕地球转动的。教师不能被学生的表面现象所迷惑，要很好地把握住学生的前概念。基于学生的错误的前概念，教师为学生设计了三个有层次的活动：

（1）提供了一组数据，包括太阳与地球的大小比较，太阳与地球之间的距离等，根据这些数据推算如果是太阳不可能在一昼夜之间围绕地球转一圈。

（2）根据太阳与地球体积的大小对比设计这样一个演示实验：把一张橡皮膜拉平，在上面放一个金属球，由于它的质量，橡皮膜凹陷了下去。此时，又在膜上面放一个质量比金属球小得多的球体，小质量球开始在膜上沿直线运动，到了接近大质量球之时，小质量球又开始偏向大质量球，围着大质量球运动，直到动力不足而停下。

师：假想一下，如果是在宇宙中，在那种情况下不会有摩擦力，小球便会永远围大质量球运动，旋转，不会停止。想一想，地球和太阳谁大谁小？谁相当于大球？

生：太阳大，有130万个地球那么大。太阳像大球。

师：因此，地球与太阳的关系就可以迎刃而解了。也就是说，是太阳俘获了地球，而地球则围绕太阳运动并旋转。

师：天文学家的意见也是这样的。（播放视频《哥白尼提出日心说》）

（3）此时学生已经对自己的前概念有所怀疑，但由于受太阳东升西落这一根深蒂固现象的影响，学生潜意识中还是不认同这一结论。学生的思维处在矛盾中，挣扎中，这正是学生摒弃错误前概念建构正确概念过程中的关键点。教师在这一环节，适时地播放一段在车内拍摄的车窗外的景物自西向东"移动"的视频，使学生在这个证据的基础上理解自己所不能实际观察的太阳和地球之间的运动关系。

师：哥白尼认为地球围绕太阳转，太阳是太阳系的中心。那为什么在我们看来，太阳是围绕我们转动的呢？

师：（播放视频）哎，假设我们把这个方向视为东，这个方向视为西，那现在我问问大家，电线杆怎么移动到了西方啊，是电线杆真的会动吗？

生：不是。

师：那它怎么跑到我们画面的西边呢，谁在动？

生：画面在动。

师：画面为什么在动，这幅画面是在哪儿拍的？

生：车上。

师：车里，谁在动？

生：车在动。

师：车在动，所以坐在车里的我们也在动，想一想，这个视频，对我们理解为什么看见太阳东升西落有什么帮助吗？在这个视频中，谁相当于太阳？

生：电线杆相当于太阳。

师：它是不动的对吧，那谁相当于地球带着我们动？

生：汽车。

师：汽车。那我们就相当于坐在汽车里的人，看着原本不动的电线杆怎么样？

生：在动。

师：能具体解释一下吗？

生：是因为我们在动，跟着汽车一起在动，所以我们看着原来不动的电线杆在动。

师：在天空中，太阳东升西落，那也就是说，为什么我们说地球围绕太阳转，但是看起来却是太阳围着我们转？

生：因为我们和地球一起在围着太阳转动，所以看起来地球是不动的，太阳反而在天空中东升西落。

通过三个有层次的活动，学生在有事实依据的基础上理解了为什么不是太阳围着地球转。

（三）基于实证，分析现象，理解概念

在进行完前面的教学后，学生基本上已经肯定了昼夜交替现象不是由太阳围绕地球运行产生的，但是自转还是公转？这就需要我们为师者进一步为学生搭建脚手架，帮助学生在实证基础上分析现象。

师：到底是什么原因引起昼夜交替出现呢？请你们用蜡烛代替太阳，地球仪代替地球，试一试怎样做就能出现昼夜交替现象？

生：分组。

师：做到的同学请迅速坐好。刚才各组同学都完成了昼夜交替，原本是昼的变成了夜，原本是夜的变成了昼，你们是怎么做到的，请你说一说。

生：转动地球仪。

师：怎么转？

生：（边转动地球仪边回答）我们刚才本来是在这边，我们往西转，就转到这（自转）。

师：恩，非常好。他们做到了，你们做到了吗？你们是怎么转的？

生：（边转动地球仪边回答）我们先找到了北京，让太阳照着它，就是白天，然后转动地球仪，北京就转到后面去了，就看不见太阳了，就是黑夜了。

师：哦，也就是说你们也是跟他们同样的方法，让这地球仪围着中间假想的地轴转，是吗？哎，都是这样转吗？有不同的方法吗？

生：可以拿地球仪围着这个太阳转。（公转）

师：行不行？

生：行。

师：来，咱们俩一起来完成这个实验，让所有的同学都看到，好吗？那我们看啊，他刚才的说法是，太阳是不动的。

生：把地球仪当成地球，蜡烛看作太阳，这个地球围着太阳转。

师：哎？跟你们的方式不一样，对不对？

生：不对。

师：哎，我需要理由，你说。

生：因为正常的原理是太阳不动，地球围着太阳转，是形成四季更替。

师：那现在为什么不能形成昼夜交换呀？

生：因为现在地球是不转动的。

师：转动啊，怎么不转呐！

生：地球本身不转，而他自己在围绕。

师：就是说，你说公转是吗？

生：对，它以太阳为中心来转动，这样的话，这面永远就是黑的，因为……

师：哪面永远是黑的，你来，你帮我指一下。

生：这面永远是黑的，因为无论怎么转，这一面都照射不到太阳，而只有这一面一直是白天，一直是昼。

在实验中，通过学生的操作、观察，学生获得了第一手的实证，基于实证，进行了合理的分析和解释，并对同学的观点进行质疑，这样才做到实事求是，尊重证据，基于证据进行判断推理、解决问题和进行质疑。

（四）基于实证，亲身实践，建构概念

地球自转的方向是本课的又一难点，在理解地球自转方向时，教师也设计了两个实验，使学生在实证的基础上分析。

实验一：教师利用在地球仪上东西两个方位粘贴不同的图案的方式，使学生"看见"地球自转的方向。

师：现在我们看看地球怎么转才先看到红花那边，先看到太阳，五角星那边后出现太阳，谁来说一说，地球怎样转，可以拿着你的实验单来读一读，你们组的想法是怎样的？

生：太阳应该先照射到红花处，再照射到五角星处，要想出现太阳东升西落的现象地球自西向东转。

实验二：为学生设计了一个头环，在头环上眼睛的位置从左眼外角一直到右眼外角的位置横着扎了一排圆孔，样式如下：

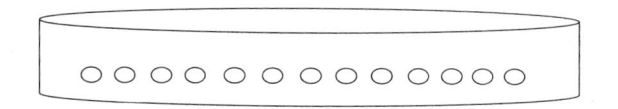

在实验中，学生带着头环，自身模拟地球转动，通过自东向西、自西向东两种转法中两眼对光的先后感知顺序，来认识地球自转方向。

师：怎样转动左眼先看到光？

生：从西转向东转左眼先看到光。

师：这说明什么问题？

生：我们每天见到的太阳的东升西落是由于地球自西向东自转引起的。只有地球自西向东转动，我们才能看到太阳在东方升起。

在上课时，由于做到了基于实证去判断、解决问题和质疑问题，学生在理解知识时就不是死记硬背，而是理性分析，建立了整体的概念体系。昼夜交替现象成为学生建立"地球是运动的，自转是形成昼夜交替的原因"这个科学概念的切入点。

在学习本节课时，教师首先对学生的前概念掌握情况做出了深入的了解，然后通过循序渐进的教学环节，层层递进，并且为学生的学习搭建脚手架，使学生能够从本质上理解地球围绕太阳运行以及昼夜现象的交替。

（注：此案例系作者与北京市通州区后南仓小学范亚芳老师共同完成）

【教学设计一】《沉浮的秘密》

一、教学目标

1.通过实验认识到物体的沉浮和物体重量与体积有关系；能通过对物体重量与体积的数据进行分析，判断物体在水中是沉还是浮。

2.能对所观察的现象做出假设，并能收集证据做相应解释，经历"观察—发现—假设—验证—解释"的探究过程。

3.体会做中学、学中思的乐趣，在活动中能够乐于动手、勤于思考、敢于表达。

二、教学重难点

教学重点：通过反复操作，发现在物体重量（以克为单位）与物体体积（以毫升为单位）这两个数字基本相同（即重量与体积的比值为1）时，物体在水中的状态接近悬浮，物体重量大于体积时物体下沉，反之则上浮。

教学难点：通过对数据进行分析，发现物体接近悬浮状态时重量与体积两个数字基本相同。

三、材料准备

演示实验材料：三个一模一样的塑料瓶，一个在水中漂浮，一个在水中沉底，一个在水中接近悬浮；铁块；木块；大水槽；量筒；神秘物体（里面放石子的红色塑料球）。

分组实验材料：四个不同大小的塑料瓶，1号（体积35立方厘米）、2号（体积125立方厘米）、3号（体积368立方厘米）、4号（体积174立方厘米）；石子；透明水桶；电子秤；大托盘；抹布；记录单。

四、教学过程

（一）实验激趣，引发探究问题

出示木块、铁块：放在水中会怎样？你做过实验吗？

出示神秘物体（塑料球），不放在水中实验，你还能判断它是沉是浮吗？

怎样判断物体在水中是沉是浮？

演示实验：

1.将一塑料瓶放进水中——浮；

2.将同样的塑料瓶放入水中——沉；

3.将同样的塑料瓶放在水中——瓶盖的上沿与水面基本相平。

问题：一样的瓶子，为什么有的沉、有的浮、有的又能这样在水中悬着呢？如果让你制作一个瓶子，你觉得这三种状态哪一种最难？（悬着）那这节课我们就来一起挑战最难的，制作出瓶盖上沿与水面相平的瓶子。

（二）问题驱动，引导问题解决

问题一：怎样能够制作出使瓶盖上沿与水面相平的瓶子？

1.出示1号瓶子：你能利用桌上的材料也制作出这样的瓶子，使瓶盖上沿与水面相平吗？

注意：每试一次，都要尽量把杯子外面的水和自己的手擦干，不要让水进入杯子；如果成功了，请举手示意，我会悄悄告诉你们第二个任务；请爱护自己的作品，一旦成功了就不能再打开盖子了，因为一会儿它还有大用处呢。

（注：第二个任务是换大一些的2号瓶子进行制作，两个任务都完成的组发小纸条，进行组内讨论。

①完成第一个任务时，你们是怎样一步步做成功的？浮着就_____（加、减）一些石子，沉了就_____（加、减）一些石子。

②第一个任务对于完成第二个任务有什么帮助？刚拿到第二个瓶子，你们打算装多少石子？）

2.交流解决问题的经验。

在第一个瓶子的制作过程中，发现上浮了就要加一些石子，沉在水底了就要减一些石子，认识到加石子或者减石子本质上改变的是物体的重量，从而强化了物体沉浮确实与物体重量有关系。在第二个瓶子的制作过程中，学生借鉴了第一次的经验，不仅关注到了瓶子的重量，还关注了瓶子的大小，瓶子大一些，重量就要重一些；瓶子小一些，重量也要轻一些，逐渐将重量与体积建立起联系。

【设计意图】鲍尔和希尔加德在《学习论》中指出："碰到新的陌生的问题时，学习者是怎样解决的呢？刺激——反应理论家认为，学习者将他过去经验中与新问题有关的行为集中起来，或是按照新情境与以前遇到的情境相似方面做出反应。如果这些反应不能使问题获得解决，学习者便求助于尝试错误，从他的全部行为中发出一个又一个反应，直至问题解决。"这就是心理学上所说的试错法，是解决问题、获得知识常用的方法。本环节学生解决问题正是应用了试错法，试错并不是无目的地瞎试，而是对过程、方法进行反思，及时调整方案，有条理地整理出最有机会成功解决问题的解法。如学生最初只是小心翼翼地加很少的石子，几次尝试后发现瓶子上浮很多，离想要的目标还很远，这时学生就会思考不能一点点加了，而是大胆地加量；当加到一定程度，瓶子沉底时，学生会思考减少石子，减少多少呢？学生又会思考，一定要与前一次上浮进行比较，减少的量要比最后一次加的量小。试错的过程中，学生调动了多种思维，使错误的行为越来越少，并最终解决了问题。

问题二：怎样减少试的次数，在短时间制作出能够使瓶盖上沿与水面相平的瓶子？

1.出示3号瓶子，这个瓶子与前两个有什么不同？怎样才能减少试的次数，更快地做成功呢？

2.交流问题解决的经验：你们怎样更快地做成功？

借鉴前两个瓶子的经验，一下子就装一半多的石子，然后再微调石子的数量，逐渐成功。

引导提示：大家调来调去实际上是在调什么？调重量。我们一直在调一个合适的重量，这个重量合适了，就成功了。也就是这个重量只适合这样体积的杯子，看来杯子的重量总要与它的体积相匹配。强化重量与体积的联系，更加深入地认识到物体沉浮是物体重量与体积双重因素的影响。

【设计意图】学生经历了前两次实验，已经积累了一定的经验，凭借这些经验，可以较为快速地解决问题，这也是一个不断从一个环节过渡到另一个环节、由浅入深和由少到多的认识过程，心理学上把这种思维定义为"经验思维"。经验思维可以很好地帮助学生运用比较等方法解决问题，但由于经验的局限性，也易出现片面性，这也为下一步的问题做了铺垫。

问题三：如何一次成功制作出能够使瓶盖上沿与水面相平的瓶子？

1.出示4号瓶子。你能不能一下子就找到与这个瓶子匹配的重量，一次成功。

提示：前边这三个杯子的体积不一样，重量也不一样，这些成功的作品对你有帮助吗？你打算怎么办？

2.交流：我们要具体测量一下这三个瓶子的体积和重量到底是多少，得到一些数据，看能不能从这些数据中找到一些规律。

3.演示实验：测量物体的体积有一些难度，我们可以通过排水法来测量。出示量筒：量筒内有400毫升的水，将1号瓶装有保证能够完全浸入水中的石子后放入其中，水面高度升高到435毫升，那这个杯子的体积就是35立方厘米。用同样的方法，我们可以测得：2号瓶的体积是125立方厘米，3号瓶的体积是368立方厘米。

三个瓶子的重量请大家自己测量，并填写在记录单上。然后请大家分析这些数据，看你们能不能找到一些规律。

第四个瓶子的体积是174立方厘米，你能根据找到的规律，推测第四个瓶子应该多重吗？

4.收集并分析数据。先测量三个瓶子的重量，填写记录单，再分析数据，发现三组数据中重量与体积的数字都很接近，有的数据完全一样。找到规律：当体积与重量的数字基本相同时，就能使瓶盖上沿与水面相平。第四个瓶子的体积是174立方厘米，根据规律，第四个瓶子的重量应该在174克左右。

5.分组实验：往第四个瓶子中装石子，用电子秤测量总重量，在教师的统一口令下放入水中，成功！

6.小结：在重量单位是克、体积单位是立方厘米的时候，物体重量与体积的数字越接近越容易达到我们想要的状态。如果数字差距比较大，重量比体积的数字大得越多——越容易沉下去；重量比体积的数字小得越多——越容易浮起来。所以只要知道物体的重量与体积，我们就能判断它在水中是沉还是浮。

【设计意图】面对第三个问题，学生应用原有方法不能解决问题了，根据格拉斯问题解决模式，就要返回第一步修订计划，甚至摒弃原计划，采用新的解决问题的方法。面对新问题学生苦苦求索而不得解，这就是经验思维的局限性了，这时不妨尝试跳出思维框架，或许有焕然一新的思路。收集三个成功瓶子的体积与重量的数据，挖掘数据背后的规律，这种思维活动能抓住事物的关键特征和本质，这也是心理学上所说的"理论思维"，理论思维是根据科学概念和理论进行的思维。这样一个循序渐进的设计思路，符合学生对问题由表及里、由浅入深、由现象到本质的认识过程，便于学生接受，更能培养学生解决较为复杂的问题的能力。

（三）应用知识，解决实际问题

1.用布盖上铁块，这个物体放在水中是沉是浮呢？我们应该知道哪些数据？（重量和体积）它的重量是175克，体积是36立方厘米，把它放在水中——沉，现场演示。

2.用布盖上木块，它的重量是65克，体积是150立方厘米，把它放在水中——浮，现场演示。

3.出示神秘物体，它的重量是49克，体积是42立方厘米，你能判断它是沉是浮吗？

学生判断并现场演示。

五、教学反思

"密度"是物理学中的一个概念，对于小学生来说是非常复杂的，如何巧妙地绕过密度这个词，还能让学生理解密度，方法又必须简单易行，本课教师做了大胆尝试。

（一）凸显问题层次性，培养问题解决能力

本节课的核心问题是探究物体在水中的沉浮与其密度是否有关。但密度是初中物理学中的一个概念，怎样让学生理解呢？本课并没有出现密度、质量等物理词汇，也没有出现"比"这个数学词汇，只是由浅入深为学生设置了三个层层深入的问题：怎样制作出能够使瓶盖上沿与水面相平的瓶子（接近悬浮状态）？—怎样利用较短时间制作出能够使瓶盖上沿与水面相平的瓶子？—怎样一次成功制作出能够使瓶盖上沿与水面相平的瓶子？

学生在解决过程中大致经历了格拉斯提出的问题解决模式的四个阶段。学生把问题的答案同初始的问题表征相匹配，利用操作使问题的初始状态转变成目标状态，第一个问题成功解决了，并且逐渐将重量与体积建立起联系。然后会将解题程序储存，以解决其同类问题（即第二个问题），所以能够有效缩短操作时间，并更加深入地认识到重量与体积两个因素共同影响物体的沉浮。但面对第三个问题，学生应用原有方法不能达到目标状态，就要返回修订计划，甚至摒弃原计划，采用新的解决问题的方法，通过测量重量与体积两个数据，并对三组数据进行分析，发现体积与重量这两个数字很接近（甚至完全一样），较为轻松地找到了影响物体沉浮的关键因素（密度）。

这样一个循序渐进的设计思路，符合学生对问题由表及里、由浅入深、由现象到本质的认识过程，巧妙地绕过密度这个词，使深奥难懂的物理问题变得生动形象起来，不光教学难点迎刃而解，更培养了学生解决问题的能力。

（二）今后需改进的方面

当然这节课也有许多不尽如人意的地方，需要我们后期加以改进，主要集中在以下两个方面。

1.留给学生理性思维的时间不够

本课第三个难题是"怎样一次成功制作出能够使瓶盖上沿与水面相平的瓶子？"这个难题与前两个有着本质的区别：前两个难题可以通过试错的方式解决，第三个难题却不允许试错，必须通过理性思维，找到内在规律，才能解

决问题，在难度上是一个飞跃。但由于教学时间的限制，进行到这个环节时已经将近40分钟了，老师有点着急，在学生还没有想出好的方法时，就直接给出"到底多重的瓶子适合多大体积的瓶子呢？我们应该怎么办？"这样问题一下子就聚焦到测量重量与体积上了，其实，此时学生的思维还没有跟上，并没有意识到要测量重量与体积。如果此时教师不这么着急，而是再给学生一些思维的时间，让学生自主意识到要测量重量和体积，这样学生的思维会是一个飞跃。

2.留给学生分析数据的时间不够

同样在第三个难题上，学生要收集三个成功瓶子的体积与重量的数据，挖掘数据背后的规律，找到事物的本质特征，从而解决问题。实际的课堂上，教师给学生分析数据的时间较少，有的组还没有找到规律，或者只计算出重量与体积分别相差了多少，并没有提升为重量与体积之间的关系，老师就戛然而止，让两个找到规律的组进行汇报，理所当然地解决了问题。其实，再给一定的时间，学生是能够找到规律的。

当然以上两个问题也有着客观原因，就是教学时间限制了教师的行为。本课实际授课已经超过了规定的40分钟，如果再放手让学生进行更深层次的思考就需要更多的时间，显然这是矛盾的。

总之，这节课有不少闪光点，能够给科学教师提供一些新的思路，尤其是在小学科学课堂如何渗透初中物理概念方面有了初步尝试。当然本课也有不少值得商榷的问题，需要在今后的教学中继续研究，不断探索。

附1：实验记录单

我能分析数据：

	装置一	装置二	装置三
体积（立方厘米）	35	125	368
重量（克）			

我推测：

	新装置
体积（立方厘米）	174
重量（克）	

附2：学习效果评价

通过解决三个问题，评价学生解决问题的能力，评价学生是否能够通过收集的数据，分析出重量与体积之间的关系。

问题	层次	标准
问题一	层次1	能够通过尝试，较短时间制作出上沿与水面相平的瓶子，并能在尝试中积累经验，而且能够认识到实验的本质是改变物体的重量。
	层次2	能够通过尝试，制作出上沿与水面相平的瓶子，并能在尝试中积累经验，意识到实验的本质是改变物体的重量。
问题二	层次1	能够利用已有经验，较短时间制作出上沿与水面相平的瓶子，能够将重量与体积建立联系。
	层次2	能够借鉴已有经验，通过尝试制作出上沿与水面相平的瓶子，意识到重量与体积是物体沉浮的重要因素。
问题三	层次1	通过分析数据，找到重量与体积之间的数量关系，并能准确描述这种关系。正确预测第四个瓶子的重量。
	层次2	通过分析数据，意识到重量与体积之间的数量关系，能正确预测第四个瓶子的重量。
	层次3	通过分析数据，在教师指导下找到重量与体积之间的数量关系，在教师指导下能正确预测第四个瓶子的重量。

【教学设计二】《果实的结构》

一、教学目标

1.通过实验探索，学生知道果实是由果皮和种子组成的。

2.在小组实验中，培养学生观察果实结构的能力和解剖果实的能力，发展学生对所学知识进行归纳总结的能力。

3.在体会果实多样性的同时，增进学生研究大自然的兴趣。

二、教学重难点

（一）教学重点

1.知道果实是由果皮和种子组成的。

2.根据果实的结构特点，对果实与非果实进行区分。

（二）教学难点

1.在教学过程中，使学生对植物果实固有概念进行有效转变，提升学生分析物体结构的能力。

2.在讨论过程中，使学生主动提出利用探究果实内部结构的方法，对疑似果实进行验证。

三、材料准备

教师准备：刀、砧板、框、苹果、梨、桃、花生、湿纸巾、创口贴。

学生准备：自己认为的果实（如：扁豆、红薯、萝卜、瓜子、杏、菜椒等）。

四、教学过程

（一）导入新课

1.利用PPT简要回顾第一课时的活动。

2.利用副板书揭示学生对果实的辨认理由。

【设计意图】回顾所学，引发独立思考。

（二）集中话题

1.组织学生针对课前汇总、归类出的一些关于果实认知的观点展开辩论。

2.梳理、提炼学生对果实的观点，自我否定一些不合理观点，保留仍值得进一步探讨的观点。

3.明确问题：到底什么是植物的果实呢？（板书研究的问题）

【设计意图】引发认知冲突，明确研究问题。

（三）制定研究方案

1.组织学生参照经过梳理提炼保留下来的观点制定解决问题的大致思路，如果学生产生多种思路，则组织学生选择确定适于课堂上研究的思路。

2.挑选出先行研究的苹果、梨等几种果实。

3.演示苹果纵切、梨横切的方法，提示注意安全。

4.指导学生观察、记录苹果结构的方法。

【设计意图】形成从果实结构入手找共同，再利用结构共同点判断疑似果实的思路；是归纳概括概念内涵和演绎判断概念外延，最终建构科学概念的基本路径；明确研究方法。

（四）探索与调查

1.研究几种已知果实的结构。

（1）教师加强巡视，对横切、纵切果实给予必要的帮扶，提示孩子有序、如实画图记录，关注各组观察与记录情形，在照图汇报阶段适时开展教学评价。

学生集中精力，初步找到果实结构的共同点。

学生分组实验、观察、记录。

（2）学生利用记录单汇报几种已知果实组成部分的相同之处。

期望学生此时找到的果实相同点不仅仅限于果皮、果肉和种子，也许还有果肉与种子间的硬核儿，或者果柄等，在接下来的活动中更易体现合并同类和舍非取本的味道。

（3）演示桃子纵切与结构的观察，利用PPT展现桃、杏的各部分组成。

暗含着真果的认识，同时也感受到种子外部的硬核对果实的保护作用。

（4）学生总结苹果、梨、桃等公认果实相同的组成部分，教师可依据他们找到的相同部分舍去果柄等非本质的部分，保留具有特点的果皮、果肉和种子三部分。

（5）明确植物学家对果实相同的部分按照位置关系和作用进行了合并重组，将果实分成了种子和果皮两大部分。鉴于此处教学学生不易认可果肉算作果皮，教师可以启发学生思考、交流科学家为何这么给果实分部分。

2.研究更多果实的结构，推想植物果实结构的共同点，得到果实概念的本质。

（1）启发学生提出更多果实。

允许学生提出有些已知的果实并不是果实，但要随笔记下来，课结尾处回应；鼓励学生提出家乡的特产果实，教师可以为学生准备一些当地特产的果实和南方才常见的热带果实。

（2）分组观察更多公认果实由几部分组成。

学生每组再提供一种果实，打开观察。

（3）分别汇报各组不同果实的组成部分，学生将发现更多外表各异的果实也是由果皮和种子两部分组成。

【设计意图】运用简单枚举归纳法，建构果实概念的本质。

（五）形成结论

1.板书出示果实的科学概念：植物果实是由果皮和种子组成的。

2.反思初始概念，强化果实科学概念的理解。

【设计意图】引导学生运用所学知识区分果实与非果实。激发学生自主研究果实的动机。

（六）反思回顾

1.组织学生交流运用果实概念判断存在争议的果实的方法。

2.分组观察课前存在争议的"果实"，判断它们之中谁是果实、谁不是果实。

3.汇报观察结果，再次对照课前的初始概念进行反思。

【设计意图】锻炼学生语言表达的能力，在合作学习中达成共识。让学生在讨论中学会质疑。演绎推理训练，解决概念外延；再次对果实的初始概念进行反思，获得学习进展。

（七）全课总结

1.总结所学概念。

2.依据板书带领学生回顾果实概念形成过程，指出从公认果实入手研究的局限性，鼓励学生多动手、多动眼、勤动脑来确定某物是不是植物的果实。（此处回应学生列举更多公认果实中的非果实，如松子、银杏果、香榧果等）

3.学习质疑。

（八）布置作业

将探究活动延伸，可能获得探寻花与果实关系的机会，可能获得对特殊类型果实如草莓、菠萝、桑椹等进行探究的机会。

【设计意图】对知识进行回顾总结，巩固记忆。运用所学知识解决实际问题，激发学生主动思考特殊果实结构的热情。

五、板书设计

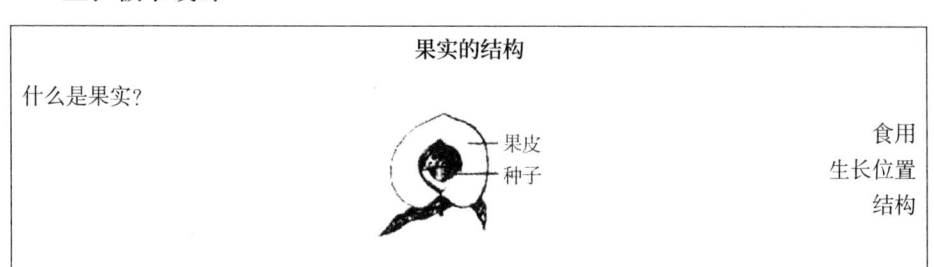

```
                    果实的结构
什么是果实?
                         果皮              食用
                         种子              生长位置
                                          结构
```

六、教学反思

生命世界领域是小学科学教育重要的内容，该如何指导学生建构相关的科学概念，利用何种教学方法开展生命世界的学习是本课设计与实施的出发点和落脚点。

本课很想体现学生在建构果实的科学概念的进程中，认知变化发展的完整轨迹。要关注几十个学生在40分钟里学的过程，洞察他们的思维变化，充分预设、把握生成，采取合理的教学策略，展现他们的认知变化、概念发展轨迹真是不易。但是笔者期待自己有这样的教学行为并为之努力，因为关注学生的学习发展进程意义重大，最能体现教学实效！

（一）本课力求展现概念建构清晰、完整的线索

上课伊始，激起学生对植物果实的认知冲突，聚焦话题："什么是植物的果实"；接着制定出研究问题的总体思路并明确具体的研究方法；然后，利用简单枚举归纳的途径引导学生建构果实的概念内涵：组织学生先研究几种果实，归纳出它们结构的共同点；再枚举更多的果实，看看是否也有相同的结构，从而概括出植物果实结构的共同特点：由果皮和种子组成。在明确了果实概念内涵之后，利用演绎推理的方法，引导学生了解果实概念的外延：组织学生依据果实的概念，判断一些植物的器官是不是果实，从一般回到个别，以巩固刚刚建构起的果实概念。

（二）注重学生的思维发展，于思维发展的关键节点进行梳理、提炼和反省

1.体现学生的思维发展

第一，通过教学展现学生对果实概念由认识模糊、混乱，到清晰、准确掌握的思维变化。

第二，注重在学生已有的观察、比较、抽取相同的能力的基础上，利用果实这一教学载体，训练他们的归纳概括能力和演绎推理能力，使其思维得到进一步发展。

2.体现对学生思维发展关键节点的处理

就本课而言，思维关键节点指的是学生思维活动中最有可能陷入迷茫、遭遇阻滞，但搞清楚后又会显著推动思维向清晰、深入发展的点。教师要洞察这样的点，并为学生搭建教学脚手架。

例如学生对什么是果实产生了不同想法时就是一个节点，教师先帮助学生将看似纷繁的观点归类为几条主流观点，然后组织学生围绕这几条主流观点开展辩论活动。借助辩论，一方面引导学生将果实辨认观点转换、提升成一种对果实继续研究的方向、角度；同时也排除了一些不合理的研究角度，为学生独立选择行之有效的解决问题的办法提供了帮助。

再如当学生总结出几种果实都是由果皮、果肉、硬核儿、种子组成之后，需要马上明确果实组成部分的科学规定：由果皮和种子两部分组成。这又是一个思维转换的节点。此时，教师设计了"生物学家为什么把果实简洁地分成这样的两个部分？谈谈你的想法"这样一个问题。学生的思考和交流既是他们自己的想法和科学界定间的一个过渡缓冲，更重要的是通过讨论学生会对"结构"有了更深刻的认识：不单单是有几部分组成，还包含组成部分彼此的位置关系和各自担负的作用。

最后学生对果实的初始概念和本课要建构的科学概念始终会不断地纠结、冲突，我们把它也看成一个思维节点。所以，即使在果实辨认观点争辩环节有些观点就被当场否定，但是，在学生认清了果实的结构组成后，在学生利用果实概念辨认果实后，都再次组织学生回过头来反省学前的观点，持续印证观点的不合理性。因为孩子的错误概念是根深蒂固、不易轻易动摇的，这种反复、持续的反省更有助于日常错误概念的消除，有助于科学概念的建立。

（三）既注重形象直观的认识果实，又注重画图标注的记录指导与训练

面对儿童的生命世界教学，运用实物观察实验，获取第一手的证据应该是不容质疑的教学观。本课，不论简单枚举果实，舍非取本形成对果实本质的认识，还是演绎判断更多东西是不是果实，形成对果实外延的把握，几乎都在利用实物，真刀真枪地开展研究。即便遇到实际操作难以解决的，也配以实物照片。

直观形象可以作为儿童学习的出发点，但最终的归宿应落在思维和言语层面。本课，对看到的果实结构画图记录，利用画图记录进行表达交流就是在帮助学生由形象思维水平向抽象思维水平发展。学生将面前的果实的横（纵）切面先经过眼睛的仔细观察；之后在头脑中先形成表象，再经过思考区分出几大组成部分，简单设想如何构图、连线标注；最后，手、眼、脑并用，将观察发现跃然纸上。之后，学生凭借记录图这种摆脱实际物品的表达方式，辅之以言语的汇报交流，进行果实概念的建构。这个过程显然要占用更多的教学时间，但对于学生今后探究生命世界所必备能力的形成具有巨大的意义。

附：实验记录单

果实名称：　　　　　　　　　　　组号：
横切（　　　　）　　　　　　　　纵切（　　　　）

【教学设计三】《饮食与健康》

一、教学目标

1.通过自主探究活动，知道淀粉是人体必需的营养成分之一。初步学会"淀粉遇到碘酒有变蓝的性质"的实验，并能够设计实验，检验哪些食物中含有淀粉。

2.在设计"淀粉遇到碘酒变蓝的性质"及"检验食物中淀粉"实验的活动中，进一步提高探究科学问题的能力，感受科学的探究过程。

3.通过本课的探究活动,对研究食物营养产生兴趣,进而形成健康饮食的意识。

二、教学重难点

教学重点:在科学探究活动中,初步学会"淀粉遇到碘酒有变蓝的性质"的实验,并能够设计实验,检验哪些食物中含有淀粉。

教学难点:运用淀粉遇到碘酒可以变蓝的知识,自主设计实验检验哪些食物中含有淀粉。

三、材料准备

分实验组材料:小量杯、滴管、淀粉液、牛奶、白萝卜汁、醋、碘酒、宣纸、棉签、小试管、调色盘、各种食物、实验记录单。

教师演示材料:

1.小魔术:吹塑纸、碘酒、喷雾瓶。

2.演示实验:淀粉液、碘酒、滴管、试管。

3.演示实验:红薯、碘酒、滴管、镊子。

4.小魔术:纱布立体花、紫甘蓝汁液、喷雾瓶。

四、教学过程

(一)导入新课

1.谈话:你们喜欢看小魔术吗?既然大家都喜欢看,那老师就当一回魔术师,给大家表演一个小魔术。

2.表演小魔术——变色字。(提前用淀粉液在吹塑纸上写出课题,课上用碘酒喷在纸上,呈现出蓝色的字——饮食与健康。)

学生观看魔术,对此现象产生兴趣。

3.揭示课题——饮食与健康。

【设计意图】创设宽松的教学环境,揭示学习内容,激发学生探究的欲望。

(二)学习新课

1.引导学生通过探究,知道淀粉有遇到碘酒变蓝的性质。

(1)谈话:这个小魔术可能是怎么回事呢?

预设：先用一种液体在纸上写字，字干了以后就没颜色了，然后再用一种液体喷，就会使字变蓝。

（2）引导学生进行实验探究。

①教师介绍分组实验材料：老师为每个组都准备了三杯白色的液体，分别是牛奶、淀粉液、菜花汁，两个喷雾瓶里的液体是醋和碘酒，还有一些棉签和宣纸。

②组织学生讨论：怎样利用这些材料找到小魔术的秘密呢？

（3）学生讨论、交流：用棉签分别蘸牛奶、淀粉、菜花汁在宣纸上写字，然后再把喷雾瓶里的液体喷在字上面，观察看哪种液体喷在什么上面会变蓝，这样就可以找到小魔术的秘密了。

（4）出示课件。（提示学生记录每次实验时用的是哪种液体写的字，哪种液体喷的。）

（5）小组进行实验探究，找到魔术的秘密。

①有的小组用每一种液体都写三个字，然后分别用醋和碘酒喷，一个一个地去试，用排除法找到答案。

②有的组没有具体计划，随机地去试。（教师引导学生分工合作，不要重复实验，一定要记住是用什么写的，用什么喷的，这样才能更快地找到答案。）

③有的组设计的实验很巧妙，他们分别用三种白色的液体在同一张纸上画三条线，用铅笔在画的线的左边注明是哪种液体画的，然后用一种液体喷，同样的方法再画一张，再用另一种液体喷，很快就找到了答案。

（6）教师选择最快找到答案的小组，给他们一张比较大的吹塑纸，让学生像老师一样提前准备好，在汇报的时候给同学们表演小魔术。

【设计意图】引导学生寻找小魔术中的秘密，从中总结出淀粉有遇碘酒变蓝的性质。充分体现了课标中提倡的科学学习要以探究为核心，学生是科学探究的主体这一宗旨。

（7）组织学生进行汇报。

学生汇报：将本组写在卡片上的字贴在黑板上展示，并讲解：用淀粉写字，用碘酒喷，字就会变蓝。

【设计意图】培养学生归纳总结的能力。学生在汇报实验过程时，思维会再一次回放实验的过程及结果,加深对这一结论的印象。

(8)教师演示实验:将碘酒滴入装有淀粉液的试管里,震荡。

学生观察教师演示实验后,得出结论:淀粉遇碘酒会变蓝。

(9)讲解:碘酒是一种药品,它有消毒的作用。淀粉是我们人体所必需的一种营养,淀粉对人体的作用可大了,现在我们来听一听营养家族中淀粉的自我介绍(课件演示:淀粉的作用)。

2.引导学生利用所学知识检验食物中是否含有淀粉。

(1)谈话:我们每天没吃淀粉呀,可是大家都活力四射的,那我们所需要的淀粉是从哪里得来的呢?

预设:从食物中获取,比如米饭,馒头……

(2)出示红薯淀粉并讲解:大家看,老师手中的这袋就是超市里买来的淀粉,上面写着红薯粉,这说明什么?(淀粉是红薯加工的,红薯里含有淀粉。)

(3)提问:红薯里含有的淀粉遇到碘酒变不变蓝呢?

(4)教师利用实物投影演示实验:将碘酒滴在红薯片上。

学生观察并总结:红薯中的淀粉遇到碘酒也可以变蓝。

【设计意图】引导学生认识淀粉与食物中淀粉的关系,从而引出下一环节。

(5)组织学生讨论:怎么才能知道其他食物中是否含有淀粉呢?

预设:往食物滴碘酒。

(6)引导学生设计实验并进行验证。

学生实验、观察实验现象、记录并进行归纳、总结。

【设计意图】培养学生的实验能力、观察能力、归纳总结能力。

(7)组织学生进行汇报。

学生利用食物投影展示本组的实验结果及实验记录单。

预设:在汇报过程中,各组的实验结果出现分歧,有的火腿遇碘酒变蓝了,有的却没有变蓝,并对此现象进行分析。

【设计意图】培养学生分析问题的能力,用所学知识解决实际问题的能力。

(8)出示两种不同火腿的包装纸,组织学生观察火腿的配料。

学生观察发现,一种火腿的配料里含有淀粉,一种火腿的包装上写着"无淀粉"字样。

（9）课件展示一些经常食用的食物，组织学生根据已学知识及生活经验判断食物中是否含有淀粉。

（10）讨论：那些不含有淀粉的食物我们为什么还要吃呀？

预设：不含淀粉的食物里含有其他人体所需的营养，人体需要很多营养，要从各种食物中获得……

【设计意图】巧妙地激发学生继续探究下去的欲望，也为下一课的继续教学埋下伏笔。

（三）延伸活动（机动）

1.创设情境：妈妈买来一瓶蜂王浆，不知是不是掺假了，你有什么办法帮助她吗？

预设：掺假的蜂王浆里有淀粉，可以用滴碘酒的方法检验出来。

2.视频：讲解如何鉴别真假蜂王浆。

五、板书设计

饮食与健康

学生实验作品

淀粉　遇　碘酒　变　蓝

六、教学反思

（一）在探究活动中形成科学概念

本课要学生形成的科学概念是"淀粉遇碘酒变蓝"。教材设计的是由教师直接告诉学生淀粉有遇碘酒变蓝的性质，再让学生通过实验验证，从而得出结论。笔者觉得这样的实验是验证性实验，对培养学生的探究能力效果不明显。于是首先将这一性质隐含于魔术中，利用小魔术激发学生的探究欲望，再通过学生自己动手实验，从三种液体与两种喷雾的合理搭配中找到魔术中的秘密，从中总结出淀粉有遇碘酒变蓝的性质。这样就巧妙地将验证性实验变为探究性实验，使学生通过探究活动形成科学概念。本课还有另一引申概念：食物中的淀粉遇碘酒也会变蓝，学生只有理解了这个概念，才能利用它去检验食物中是否含有淀粉。以往的教学中，如何引导学生认识到食物中含有淀粉，以及如何检验食物中是否含有淀粉，过渡总是很生硬，而且，学生很难认识到淀粉是从食物中提炼出来的，也可以用同样的方法检验食物中是否含有淀粉。因此，笔者在两个环节过渡的时候，设计了出示一袋红薯淀粉，让学生分析红薯淀粉是怎么得来的这一环节，当学生通过分析，得出淀粉是从食物中提炼出来的这一结论时，再提出"食物中的淀粉遇到碘酒是不是也变蓝呢"这个问题，使学生很自然地利用刚才这一科学概念，设计出用碘酒去检验其他食物中是否含有淀粉。

（二）提供有结构的材料，使探究成为可能

实验一中选择了多种物质，"菜花汁、牛奶、淀粉液"组织学生来尝试找到能够发生变蓝反应的物质，在设计教案最初，没有想到用菜花汁，开始考虑使用石灰水，但是，石灰水和食物的营养没有关系，选择它并没有实际意义，而只是为了实验，所以又换成豆浆，可又考虑豆浆和牛奶稍有重复，然后又选择了白萝卜汁，但白萝卜汁的那种特有的气味又使教室的味道不太好，最后我才选择了菜花汁。而且，写字的纸也是千挑万选，因为现在能找到的很多种纸遇到碘酒都变蓝，最后用宣纸一试，效果挺好。在实验二中，开始是将食物排在一张纸上，依次滴上碘酒进行观察，经常出现食品中的水分溢出来的现象，有些食物间的距离小了，变蓝的现象也发生了相互粘连，效果不是很好，在这次教学中则选用了调色盘来分装这些食物，这样不但能把各种食物隔开，相互不被粘连，还能保证水分不会外溢，更加保证了实验结论的科学性。另外，在选择有争议的食物时，最初选择的是鸡蛋。因为在多年以前曾经看到过一篇文章，而且是很权威的杂志上刊登的……后来才选用了火腿肠。这也警示我们不能盲从，一定要亲自试试才可以。只有教师做到严谨了，才能培养出具有严谨科学态度的学生。

附1：PPT课件

1.提示学生在实验时要记住用哪种液体写的字，用哪种液体喷的。

2.介绍淀粉的作用。

3.回顾验证食物中是否含有淀粉实验的结果。

4.根据所探究得出的结论和生活经验判断常食用的食物是否含有淀粉。

附2：实验记录单

寻找淀粉的踪迹

老师为大家准备了很多食物，请你想办法找到哪些食物中含有淀粉。请在含有淀粉的食物下面画"√"，在不含淀粉的食物下面画"×"。

食物	实验结果
米饭	
胡萝卜	
火腿肠	
山药	
黄瓜	
土豆	
苹果	
瘦肉	
鸡蛋	
馒头	

附3：教学效果与评价

1.通过设计实验及实验操作进行评价

（1）教师表演小魔术——变色字。学生能否根据现象进行合理推测，并设计出实验方案，实验过程中操作规范，能做到及时记录，从中找到小魔术的秘密，总结出淀粉有遇碘酒变蓝的性质。

（2）利用所学知识设计实验，检验哪些食物中含有淀粉。学生在了解淀粉的作用之后，能否解决实际问题。能否设计出科学、可行的实验并进行验证，在操作过程中，规范操作，认真观察，及时记录并进行归纳总结。

2.通过测试题进行评价

判断一些经常食用的食物中是否含有淀粉。是否可以根据所学知识及生活中的经验进行判断，并可以在无法做出判断的时候，能够想到利用所学的知识去检验食物中是否含有淀粉。

第二章　如何根据学生的兴趣点设计教学

学习兴趣是指一个人对学习的一种积极的认识倾向与情绪状态。是一个人倾向于认识、研究获得某种知识的心理特征，是可以推动人们求知的一种内在力量。所以当我们探讨如何激发学生学习兴趣这个议题的时候，我们必须对学生是否对学习内容有自发的兴趣，以及学生的兴趣点在哪里，进行深入的研究。然后根据知识不同，学生的兴趣点不同，选择适合课堂的学习策略，以达到从更深层次激发学生学习兴趣的目的。同时这也对教师提出了更严格的要求，除了关注教学内容之外，还应当将相当一部分精力用于分析学生，综合两者，才能行之有效地激发学生真正的学习兴趣。

一、学习兴趣的分类与利用

学习兴趣可以分为直接的学习兴趣和间接的学习兴趣；或个人学习兴趣和情境学习兴趣。

（一）直接学习兴趣与间接学习兴趣

直接的学习兴趣源于学习者对于学习过程本身所产生的兴趣，这个学习过程既包括学习的材料，也包括学习过程中的某些活动；而间接的学习兴趣是由学习活动的结果所引起的。

1.直接的学习兴趣

直接的学习兴趣，往往源于学生真正的喜欢。这个真正的"喜欢"，既可以是对于所学知识本身的喜欢，也可以是对于某种活动形式的喜欢，亦可是对于活动材料的喜欢。

喜欢的事物可以包罗万象，然而，成功的教学活动需要规避直接学习兴趣的"陷阱"。我们可以利用学生对于学习活动、学习材料的兴趣来吸引学生，但之后呢？一定要将学生对于这些外在的兴趣转化到对于所学知识本身的兴趣上来。

不少从事科学学科教学的年轻教师抱怨，做实验的时候学生都无比兴奋，做完实验要进行总结升华时，学生不是继续摆弄桌上的实验材料，就是眼神放空，开始"神游"。此时，学生的兴趣在于且仅在于活动本身，教师并没有把这个兴趣进行延伸与利用，换句话说，他们只是找到了学生的兴趣并让学生加以展示而已。所以教师在备教材备学生时，应思考怎样把直接的学习兴趣进行有效的利用，让其成为引导学生深入研究、继续学习的动力，让课堂有效推进。

2.间接的学习兴趣

间接的学习兴趣，具有明显的自觉性，我们在生活中往往认为这是一种引导学生学习的方法，而不是真正的学习兴趣。这种学习的兴趣是在一个人逐渐意识到自己所处的社会关系的过程中形成的，重点在于学习的结果。这个对于社会关系的认识也是错综复杂，例如，当一名学生知道自己取得优异的成绩，会得到老师的赞许时，而他又对这种赞许足够渴望，那么他便会对学习产生兴趣；或者，学生意识到学习的目的或任务关系到集体利益时，他也会产生学习的兴趣，这也是为什么说团结的班集体一般学习成绩都比较好的原因；抑或是学生喜欢某个老师，那么他这门学科的学习效果就会好于其他学科。

在一个学生不断学习的过程中，最理想的方式是学生对于学习知识本身的直接兴趣，这有助于学生养成终身学习的习惯。而当学生产生的是其他的直接兴趣或间接兴趣时，就需要教师、社会不断的引导与强化，从而达到较好的学习效果。

（二）个体学习兴趣与情境学习兴趣

个体的学习兴趣是一种可持续发展的稳定的学习兴趣，具有强烈的个人偏好性。而情境的学习兴趣则需要在特定的场合或特定的刺激下才能产生。

1.个体学习兴趣

个体的学习兴趣一般情况下会被认为是真正的"兴趣"，是一种可以持续终身的兴趣或爱好。一个学生酷爱诗词，那么不论他在哪里，只要是诗词相关的内容，他都会认真、仔细地观察、学习。

2.情境学习兴趣

情境的学习兴趣，存在于学生感受并认识到某种环境下的某种刺激的那一刻。例如我们在电视上观看表演时，即使再顶级的转播设备，也无法达到身临其境的感觉。但你突然感受到那种气氛的烘托、感知上的共鸣，便是情境学习兴趣产生的时刻。

当人们完成一项任务时，不同人的兴趣也会不同。例如你看到一群孩子在学习踢足球，你去问一问他们喜不喜欢踢球，除非是被迫参加，答案一般都是"喜欢"。那么你们为什么喜欢踢球呢？有的孩子可能是真正地热爱足球这项运动，只要看到足球就开心，那么他对足球的学习便是源于直接的学习兴趣或个体的学习兴趣；一个孩子说，我喜欢大家一起齐心协力战胜对手的感觉，那么这种学习的兴趣便是间接兴趣或情境的学习兴趣。

二、如何激发学生学习兴趣

如果先从教的主体去考虑，就面临着两种看似不同，实则相同的情况：一种是学生对所学内容没有足够的兴趣；另一种是学生的兴趣点不在教学的关键内容上。那么，应如何制定策略来解决以上问题呢？接下来，笔者就自己在教学过程中遇到的实际问题为例，分析一下如何制定策略来激发学生的学习兴趣。

（一）解决学生对所学内容没有足够兴趣的问题

学生对所学内容没有足够兴趣的原因有很多，有可能是教材内容较为枯燥，学生对其缺乏兴趣；也可能是教师教学策略相对死板单一，没有针对性；或者是由于之前知识积累不够，未达到所需要学习的内容的层面，因此失去兴趣等等。针对不同的原因，我们应当采取不同的策略。由于实际过程中，面临的情况多种多样，不可能一一列举。因此，笔者就以教材内容枯燥为例，谈一谈自己是如何激发学生兴趣的。

当笔者在进行《透镜》一课教学之前，感觉到此课理论性较强，学生学习起来稍显乏味。如果以常规的教学方式，很难激起学生的学习兴趣。因此根据教学内容，制定了激发学生学习兴趣的教学策略。

第一步，激发学生兴趣。为了让学生对透镜产生探究的兴趣，安排学生用透镜一边对着窗外的光,一边对着白纸,观察白纸上的景象。这时,孩子便对透镜产生了好奇心,他们发现窗外的景色竟然能映在白纸上。

第二步,将学生的这种好奇心转化为继续学习的兴趣。让学生继续移动透镜的位置,观察白纸上景物是否有变化。这时,孩子们就会发现,调整透镜的距离,白纸上的景象就会发生变化。这时,抛出让学生深入思考的问题:"透镜的距离,与景物成像之间到底存在什么样的关系呢?"一下子,学生学习的兴趣就被激发起来了。在这种情况下,作为学习主体的学生就已经具备了学习的主动性,再引导其进行进一步研究,教的过程也就变得事半功倍了。

可见,我们在教学时采用灵活的教学策略,多从学生的角度去思考问题,让策略的制定与学生的思维活动高度一致,任何的教材都能激发出不一样的火花和效果。

(二)解决学生的兴趣点不在教学的关键内容上的问题

这个问题出现时一般都比较隐秘,教师很容易忽略。但是如果仔细观察便不难发现,当学生的兴趣点不在教学关键内容上时,会有一个典型的表现——即教学前期,学生热情高涨,积极探究,等到了需要总结规律时,学生开始沉默,课堂沉闷起来。此时的教师,应当以何种策略来提升学生的兴趣呢?同样,还是先以一个实例来说明。

笔者在进行《果实的结构》一课试讲时发现,学生对于将植物部位进行分类的活动很感兴趣,在分类时也能够说出自己的依据。即便是到了"解剖果实,寻找共同结构"时,学生依然保持了较高的研究热情。可是等到开始讲授理论,将果实分为种子和果皮时,课堂的氛围立即变得有些沉闷,部分学生的眼神也开始变得不够专注。几次试讲,都出现了同样的情况。因此,笔者对于这个问题进行了深入的思考。一方面,四年级的学生对于能够动手的活动保持着极高的热情和参与欲望,有时甚至在不清楚研究目的的前提下,仍能激起学生高度的专注。这说明,学生热情的高涨,不是因为研究内容,而是因为参与的形式。另一方面,学生对于相对枯燥的理论知识存在着一些抵触情绪,即使之前的探究全程参与,当进行到活动与理论转化时,学生也会下意识地认为教师开始进行一板一眼的说教了,课堂变得没有意思了。对于这种情况笔者对教学策略进行了一些调整。

首先，在学生进行果实分类的理由陈述环节中，着重强调了"结构"的作用。

然后，在讲述理论知识之前，增加了一个新的猜想环节。"如果将果实各个结构的功能进行划分，你觉得哪些结构可以被划分到一起？为什么？"此问题一出，学生开始分组讨论，然后说出各自的见解。教师在黑板上以画图的形式将学生的汇报进行总结，最终得出了果实的真正结构。在此过程中，学生注意力不集中的情况得以较好的改善。由此可知，学生已经从对动手活动的兴趣，转成了对学习内容深入了解的兴趣。

当然，我们还应当秉持着"具体问题，具体分析"的态度去面对这种情况，此种方法比较适合于探究类的科学知识，具体到其他类知识，还需要实际去验证。但这种"明确目的，引导思考"的方法，还是值得去尝试的。

由上述实例可以发现，作为学习主体，学生对学习所存在的兴趣并不能够一概而论。我们应该分层次的进行研究，选对策略。有时看似学生感兴趣的知识，也可能因为没有认清学生的兴趣点，而选择了错误的教学策略。这种情况更让人惋惜，明明可以看到的那些精彩的生成，学生的精彩发言和那种豁然开朗的喜悦神色，但都与我们失之交臂。

【教学案例一】"光沿直线传播"实验改进与创新

《光的传播》是"光与生活"单元的第二课。本课重点是通过实验认识光是沿直线传播的，在理解光是沿直线传播的基础上，初步解释"小孔成像"的原理。本课对象是五年级学生，他们已经具备了一定的实验探究能力，能够结合材料设计简单的实验。学生在本课前学习了"光学"的基础知识，已经知道什么是光源，最常见的光源和光源的分类，知道光学现象非常奇妙，充满了求知的欲望。但是由于年龄特点，学生独立设计实验是有困难的。

教材在引导学生认识"光沿直线传播"的概念时，设计了一个"吸管"实验，既让学生通过直的吸管能够看到蜡烛的光，把吸管弄弯就看不到蜡烛的光了。这个实验的优点是简单易行，效果明显。但也存在着不足：显得单薄，没有深度，缺乏实证性，不能使学生完全信服。

教材中在巩固"光沿直线传播"的概念时,应用了"小孔成像"实验,这也是一个经典的实验,教材中采用的方法是制作两个长方体纸盒,其中一个用针刺一小孔,另一个蒙上半透明的纸,将两个纸盒套在一起,调节距离看蜡烛的火焰。这个实验的优点是材料简单易找,效果明显。缺点是制作难度较大,过程繁杂,耗时费力;且观察时,只能一人观察,无形中增加了制作的数量,只有人手一个,才能保证每人都能看到现象。

笔者将这两个实验进行了改进,避免了前面的缺点,教学效果更好。

(一)"吸管"实验的改进与创新

材料:多个带小孔的纸屏(小孔的位置、大小尽量一致)、手电筒、一个不带小孔的白屏。

教学过程:

1.谈话:如果在光源和白屏之间放上一个带孔的纸板,可能在白屏出现什么呢?(光点、光斑、亮点。)

2.追问:会在什么位置出现呢?(与小孔的位置差不多。)

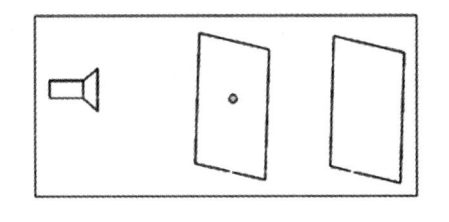

3.质疑:这样就能说明光是怎样传播的吗?你能改进老师的实验方法吗?(学生认为要增加一个带孔的纸屏。)

4.课件演示:再增加一个带孔的纸屏。

5.谈话:那就让我们做实验来研究吧。

(学生在实验过程中发现只要纸屏上的小孔在一条直线上时,光线是可以穿过去,在白屏上留下光斑的,大多数同学会认为光是沿着直线传播的,但还是有少数同学认为光也可以沿着曲线传播。)

6.谈话:看来这样还是不能确定光是怎样传播的,那我们又应该怎么办呢?(学生认为还要再增加带孔的纸屏。)

7.那就让我们再做实验来接着研究吧。(学生在实验过程中会再一次发现,只要小孔在一条直线上,光线总是可以通过小孔在白屏上留下光斑,进一步确认光是沿着直线传播的。)

8.课件Flash演示,谈话:无数这样带孔的纸板叠加,我们就发现它的中心连成了一个孔洞。

9.提问：现在给你一根吸管，请你来做一做证明光是怎样传播的实验，应该怎样做呢？（自然而然过渡到吸管实验。）

让学生得出"光是沿直线传播的"这个实验结论并不难，难的是对学生探究的方法与过程的指导。在"吸管"实验之前，增加了"用光源（手电筒）通过若干带孔的纸板，在白屏上出现亮点"这个实验，学生在老师引导下逐步完善实验（由两个纸屏到三个，再增加到四个、五个……直到增加无数个），并在多次、反复实验中发现，只有将小孔对齐（在一条直线上）光才能通过小孔，从而初步得出"光沿直线传播"的结论，教师再引导学生认识到将无数带孔的纸板叠加，这些小孔就形成了一个形如吸管的孔洞，自然而然过渡到"吸管"实验。更为重要的是，教师并没有告诉学生实验方法，而是根据学生的年龄特点及知识水平，先给学生大致的设计方向，再组织学生有目的地改进探究计划、交流和完善自己的计划、亲自动手实施探究，最后对实验得出的信息进行整理而得出结论。在整个活动中，学生就像小科学家那样亲历了科学探究的方法与过程。

（二）"小孔成像"实验的改进与创新

材料：蜡烛、带孔的黑屏、不带孔的白屏。

教学过程：

1.课件演示，谈话：蜡烛的光通过带小孔的1号纸屏，我们会在2号纸屏上看到什么呢？

2.演示实验装置，讲解：请同学们分组做一做。并把实验现象用文字或画图的方式记录下来。讨论，为什么会出现这种现象？

3.提问：你能解释一下为什么出现这种现象吗？

4.Flash课件演示："小孔成像"原理。

"小孔成像"是经典实验，如果利用教材中的实验方法，教师事先要做出40多个实验装置才能满足每一个学生的观察，这样制作难度很大。用黑屏代替带孔的长方体，用白屏代替蒙有半透明纸的长方体，实验准备简单，更为重要的是实验现象一目了然，一套实验装置，一组同学都能观察到，让学生将更多的

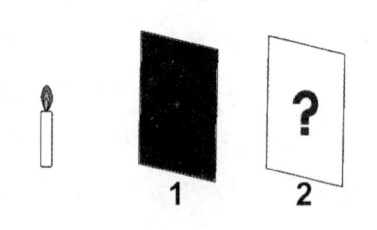

时间用于思考"小孔成像"的原理上,而不是将过多的时间耗费于实验过程上。

"教材无非是个例子",在本课的实验教学中,教师利用教材这个"例子",并大胆改进这个"例子",力求发挥其更大的作用。其实,教材中还有很多我们熟悉的实验由于各种各样的原因,在课堂运用时出现一些小问题,这就需要我们深入思考,根据教学内容,根据学生特点,设计更为科学合理的实验,这样才能使我们的科学课堂成为真正"科学"的课堂。

【教学案例二】 基于学生实际进行教学设计
——《各种各样的运动》教学案例

我们一直提倡以学生为本,基于学生实际进行教学设计,但在实际的教学中,我们还是有意无意地从自己的理解出发去设计教学活动。笔者在进行《各种各样的运动》这一课的教学时就经历了以"教师自身理解进行教学设计"到"以学生实际进行教学设计"的转变过程。

《各种各样的运动》教学内容共分五部分,一是认识物体运动有多种形式,二是能够用参照物判断物体的运动状态,三是运动的快慢,四是阅读活动,五是调查活动。其中第二部分"用参照物判断物体的运动状态"是这一课的难点。

教学前,笔者认真研读了教材和教参,认为第二部分"运动"概念相对来说比较复杂,但学生应该有相关的生活经验,于是将第一、二部分,即"认识物体运动有多种形式"和"能够用参照物判断物体的运动状态"作为教学内容,其他三部分下一课时完成。其中第一部分用时20分钟,第二部分用时20分钟。

笔者又翻阅了初中的物理书,发现"机械运动"是初中物理的起始课,看来这部分内容还是很重要的,于是又将时间做了调整,第一部分15分钟,第二部分25分钟。教学目标方面,我们不能像要求初二学生那样去要求六年级的小学生,应该小学生掌握的知识不能马虎,应该初中生掌握的知识也绝不拔苗助长。根据学生的年龄特点和知识水平,小学只要求学生能够举例说明物体的运动是相对于另一个物体的位置发生了变化,并知道把事先选作标准的物体叫作参照物;用参照物来确定某个物体的运动状况。至于"机械运动""运动与静止

039

的相对性"等概念并不要求学生准确地用科学的语言来描述。

对于第二部分，教材中只呈现了一幅图片，通过讨论"小明和小华谁在运动"，了解什么是物体的运动，什么是参照物，对于理解"运动"这一较复杂的科学概念显得过于单薄，分量不足。因此，我补充了大量丰富精美的图片、视频、动画等内容，将生活中的许多学生亲身经历过的真实场景展现在学生面前，给学生以强烈的视觉刺激，并尽量使学生将自己置身于真实场景之中，供学生去领会和思考。一切准备就绪，我信心满满地走进课堂。

下面是教学实录：

第一部分：

师：我们身边的物体能做出各种各样的运动。（出示图片1）用手推书，书怎样运动？

生：书向前移动了。

师：这是平动。

师：（出示图片2）一位同学荡秋千，这是什么运动？

生：这是摆动。

……

师：通过以上研究，我们发现物体的运动形式多种多样，如：平动、滚动、振动、摆动、跳动、转动……而且运动的轨迹也各不相同，有直线运动、曲线运动等。

第二部分：

师：（播放视频：一个人在路上跑步）视频中谁是运动的，谁是静止的？

生：跑步的人是运动的，旁边的房子是静止的。

师：为什么呢？

生：嗯……人在动，房子没动。

师：我们说跑步的人在运动，而路边的房屋是静止的，这些都是以地面为标准，跑步的人相对于地面的位置发生了变化，房屋相对于地面的位置没有发生变化。所以在判断物体是否运动的时候，我们先要选择一个标准物体，看这个物体与标准物体的位置是否发生了变化，我们管这个事先假定为不动的标准物体叫作参照物（屏幕出示参照物定义）。判断一个物体是不是运动的，并不是看它是不是在动，而是先要选择参照物，看这个物体与参照物的位置是不是发生了变化，如果位置变了，就是运动的，反之就是静止的（屏幕出示运动定义）。

师：谁能来说一说怎样判断一个物体是不是在运动啊。

生：（面面相觑，都不敢举手）嗯……嗯……要先找参照物。

师：（又在屏幕中出示了参照物和运动的定义，并重复了一遍）谁能再来说一说怎样判断一个物体是不是在运动啊。

生：（像背课文一样）先要找参照物，看这个物体与参照物的位置是不是发生了变化。

师：说得真好。下面老师考考大家。（视频：超市中，一人乘坐电梯上楼）请问人是运动的还是静止的？

生1：运动的。

生2：静止的。

师：（学生出现争论，正中教师下怀，于是面对生1笑眯眯地问）说一说你的理由。

生1：跟旁边的货架比，人是运动的。

师：（不住地点头）你是把货架作为参照物，因为人与货架的位置发生了变化，所以人是运动的。（转向生2，笑眯眯地问）你为什么判断人是静止的？

生2：我拿电梯做参照物，所以人是静止的。

师：（非常满意地点头）大家学得真好，那我再出个难一点的考考大家。（视频：女孩荡秋千等，学生都正确地判断出来。）

（但正在老师以为大功告成时，一个学生举手）

生：老师我有个问题，假如我坐着不动，别人把我抬到教室外，那我是运动的，还是静止的？

师：以教室中的桌子作为参照物，你的位置变化了，那你就是运动的。

生：（满脸疑惑）可是我老老实实坐着，并没有动啊，怎么说我是运动呢？

师：（稍作迟疑，又一次出示参照物和运动的定义）你懂了吗？

生：（依然满脸疑惑，并不服气地小声说：可是我并没有动啊！）

（教师怕再出现什么意外情况，并没有继续向这名同学解释，就进入下一

环节）

……

综观这次教学，之所以出现问题，关键在于教师没有关注学生的实际。

1.时间过于简短。"运动"这一概念，虽然是生活中常见的现象，但是对学生的思维逻辑要求比较高，短短25分钟的时间，很难保证学生能够理解透彻。

2.讲解过于粗疏。课前学生们普遍认为运动就是正在"动"的物体，静止就是"不动"的物体。教师忽略了学生的前概念，没有用有效措施来转变学生错误的前概念，教学中只是利用一个人在路上跑步的视频，就将参照物、位置变化、运动等这么复杂的概念一股脑地端给学生，学生自然难以接受，出现了那名学生的"不和谐音符"也是情理之中的。

3.第一部分和第二部分的知识涉及两个领域，这两部分内容没有关联，逻辑是混乱的，可以说第一部分内容阻碍了第二部分的学习。

基于以上认识，笔者将教学内容进行了调整，删去第一部分，用一节课的时间进行第二部分的教学，这样学生没有第一部分内容的影响，又有40分钟充裕的时间作为保障。再有考虑到概念较为复杂，学生不易理解，在建构科学概念的过程中，通过几个富有层次梯度的探究活动，将科学概念分解细化，为学生搭建概念学习的脚手架，促进学生科学概念的形成。

下面是第二次教学的教学实录：

一、展示前概念

师：（出示图片）桌上放着一本书，书上放一块橡皮，旁边还放着一把尺子，推动书让书在桌面上滑动，请问这些物体谁是运动的？谁是静止的？

生1：桌子、尺子没有动是静止的，书和橡皮动了是运动的。

生2：橡皮只是和书一起动了，本身并没有动，所以橡皮也是静止的。

（分析：绝大多数学生认为运动就是正在"动"的物体，静止就是"不动"的物体；没有学生能够用参照物来判断物体的运动与静止。看来虽然学生对运动现象有比较充分的生活感性认识，但他们的认识还是表面的、肤浅的，并不能用科学的语言和手段描述运动与静止。）

二、建构概念

1.第一个脚手架，将科学概念细化为认识"位置的变化"。

师：（出示图片，创设情境）小红带着小狗到公园散步，小狗在草地上晒太阳，这时小红发现地上有一张纸，赶紧把它捡起来放在垃圾桶里，再一看，小狗已经跑到远处了。同学们你们说小狗跑得快不快啊？

生：（异口同声）快！

师：咦，你们看见小狗跑了吗？（学生摇头）那为什么说小狗跑得真快呢？

生：因为小狗的位置变化了。

师：看来判断一个物体是不是运动，并不是看它是不是在动，而是看它的位置有没有变化。

（分析：学生先前认为"动"的物体是运动的，"不动"的物体是静止的。要改变学生错误的前概念，老师创设了"小红带小狗到公园玩"这样一个生活中的真实场景，通过"没看见小狗跑动，却说小狗跑得很快"这样一个事实，与学生先前认知产生矛盾冲突，学生的固有平衡被打破后，他们会自己意识到先前的想法是有偏差的，进而会进行同化，从而认识到判断一个物体是否运动，不能看它是否在"动"，而是要看它的位置有没有变化，"位置"变化深深印在学生头脑中。）

2.第二个脚手架，将科学概念细化为认识"参照物"。

师：（依然出示上图）既然判断物体是否运动了，需要判断他的位置是否发生了改变。那么你是怎样确定出小狗的位置发生了改变呢？

生：小狗和小路比，位置变化了。

师：看来判断一个物体位置是否发生变化，需要事先选择另一个物体来做标准。……

（分析：从图中学生不难看出小狗的位置变化是拿小路作为标准，使学生认识到判断物体运动要找到标准物体，初步建构了"参照物"概念。此时学生虽

043

然对参照物这个词不能马上说出来，但是学生已经能够清晰地认识到判断物体运动要找另一个物体做标准。）

3.第三个脚手架，将科学概念细化为认识"参照物选择具有多样性"。

师：两名同学站在公路上，一辆出租车载着乘客在路上行驶，你们说乘客是运动的还是静止的？（学生有的说运动，有的说静止）看来同学们的看法不一样啊，那你们说一说自己的理由。

生1：乘客是运动的，因为他跟同学比，位置变化了。

师：你是把同学作为参照物，判断出乘客是运动的。

生2：我把司机作为参照物，所以判断乘客是静止的。

（分析：创设"出租车在公路上行驶，两名同学站在路边"这一情境，让学生以不同的方式感受运动，得出两种不同的判断结果，使学生之间产生分歧，引发冲突，促进学生积极、主动地思考。此时学生能够用上参照物这个词语了，同时学生们又认识到参照物选择具有多样性，由于选择的参照物不同，得出的判断结果也不一样。）

4.第四个脚手架，扩大参照物概念，最终使学生建构科学概念。

师：承接上一个情境，小男孩是运动的还是静止的？（将学生分成男女生两组，女生作为路边的女同学判断身边的小男孩是运动的还是静止的；男生作为车中的司机判断小男孩是运动的还是静止的。）

一女生：我在公路上，会以我旁边的树、建筑物等作为参照物，所以男同学是静止的。

一男生：我坐在车里，会拿车当参照物，小男孩的位置与车有了变化，所以小男孩是运动的。

（分析：再一次在矛盾中展开教学，强化了参照物的概念，又使学生认识到选择参照物时，既可以选择我们原来认为静止的物体，也可以选择正在动的物体，而且选择不同的参照物，得到的运动情况也不一样。通过以上四个脚手架的搭建，最终使学生建构了科学概念。）

三、巩固概念（略）

1.选择了一些浅显的，生动有趣的题；

2.让学生利用今天学到的知识，想办法在教室中用摄像机拍出人在天空中飞翔的镜头。

本课的科学概念比较抽象，与学生的前概念有很大冲突，而且六年级学生的认知水平决定了概念的抽象、概括、形成不是一次完成的，而是要经过一系列复杂、反复的过程。第二次教学设计充分遵循了学生的年龄特点及认知规律，通过一个个与科学概念相关的真实活动，精心搭建脚手架，将概念分解细化，分散了难点，使科学概念逐渐清晰、明确。学生在具体活动中总结出小概念，再由小概念综合理解大概念，他们的思维过程不是一个简单的从因为到所以的过程，而是一个不断激起矛盾并解决矛盾的过程，经过多层次的比较、分析与综合，让学生真正理解了科学概念。

【教学设计】《光的传播》

一、教学目标

1.通过实验认识光是沿直线传播的。在理解光是沿直线传播的基础上，初步解释"小孔成像"的原理。

2.初步学会做证明"光沿直线传播"的实验。通过多次实验，提高学生的归纳推理能力，培养学生的实证精神。

3.激发学生对光的研究兴趣，培养学生与人合作、认真细致的科学态度。

二、教学重难点

教学重点：实验研究"光是沿直线传播的"。

教学难点：设计实施光沿直线传播的实验。

三、材料准备

①实验单;②每组4张带孔的纸板、一张白纸屏、手电筒;③蜡烛、火柴、吸管;④小孔成像装置;⑤废物盒;⑥多媒体课件。

四、教学过程

(一)提出问题

1.教师讲智趣故事:用一定的钱买些东西装满整个房间。

学生倾听、思考、猜想:买蜡烛、电灯、火柴……

2.提问:为什么买这样东西?到底是什么装满了整个房间?

预设:光。

【设计意图】用故事引发问题,激发学生的探究欲望。暗示学生对后面的问题做出适当的解释。

(二)猜想假设

1.教师提问:蜡烛的光是怎样照亮整个房间的?

学生可能回答:一圈一圈、像波浪一样、直线、曲线等。

2.教师谈话:把你的猜想画出来。

学生分组填写猜想。

3.教师在课桌间巡视,挑选有代表性的记录单。

学生展示猜想记录,说明自己的猜想,并说出为什么这样想。

4.教师小结学生猜测:可能有直线、曲线、光晕等。

5.教师讲述:光到底是怎样传播的呢?今天我们一起来研究这个问题。(板书课题)

【设计意图】创设宽松的氛围,让学生充分表达自己的想法。了解学生的前概念。

(三)制订实验计划

1.教师演示PPT,谈话:如果在光源和白屏之间放上一个带孔的纸板,可能在白屏上出现什么呢?

预设学生:光点、光斑、亮点。

2.教师追问:会在什么位置出现呢?

学生思考、猜想。

3.教师质疑追问：这样就能说明光是怎样传播的吗？你能改进老师的实验方法吗？

预设学生：增加一个带孔的纸屏。

4.教师课件演示：再增加一个带孔的纸屏。

预设学生：①纸屏怎样摆放都可以。②纸屏的小孔必须在一条直线上……

5.教师提问：可能会出现什么结果呢？

6.教师根据学生的预设，课件一一展示带孔纸屏的摆放方法。

【设计意图】引导学生设计实验，指导学生通过质疑、讨论，逐步完善实验方法。

（四）实验探究，收集证据

1.教师谈话：那就让我们做实验来研究吧。

学生实验。

2.教师谈话：看来出现了两种不同的认识，那我们应该怎么办呢？

重点解释第二种可能。希望学生发现虽然纸屏的摆放不在一条直线上，但纸屏上的小孔是在一条直线上的。

学生汇报实验结果。

学生发现预设：在光与纸屏之间的两个带孔的纸屏必须在同一条直线上，从而得出初步结论：光沿直线传播。也可能有学生认为任意摆放带孔的纸屏也能在白屏上出现亮点，从而认为光沿着曲线传播。

3.出示课件，谈话：这样就能确定光是怎样传播的吗？那我们又应该怎么办呢？

预设学生：不能。猜想：再增加带孔的纸屏。

4.教师课件Flash演示，谈话：无数这样带孔的纸板叠加，我们就发现它的中心连成了一个孔洞。

学生实验、汇报实验结果。

5.教师出示吸管，提问：现在给你一根吸管，请你做一做来证明光是怎样传播的，谁来说一说怎么做？

学生观察、思考、回答。

6.教师课件演示实验过程。

学生讨论、分组实验、汇报实验结果：将吸管对着蜡烛，当吸管直的时候能看见光；弯曲的时候看不见光，说明光是沿直线传播的。

【设计意图】培养学生的实验能力和与人合作的能力，渗透科学探究实验的方法。

（五）归纳结论

1.教师出示图片，谈话：大家来看看生活中我们能够捕捉到的光的照片。

学生观察、思考。

2.教师提问：通过我们这节课的研究，你认为光是怎样传播的呢？

预设学生归纳：光是沿直线传播的。

3.你知道这个科学结论是谁第一个发现的吗？

讲述：2000多年前，我国古代的科学家墨翟看到：光从窗户上的小孔射进屋里，在墙上出现窗外景物的倒影。他经过反复思考，才想通了其中的这个道理。

【设计意图】补充说明光是沿直线传播的实例，让学生知道科学结论的得出基于事实基础。教育学生学习科学家那种认真观察、勤于思考的精神。

（六）应用知识，解决问题

1.教师课件演示，谈话：蜡烛的光通过带小孔的1号纸屏，我们会在2号纸屏上看到什么呢？

预设学生：光点、光斑。

2.教师演示实验装置，讲解：请同学们分组做一做。并把实验现象用文字或画图的方式记录下来。讨论，为什么会出现这种现象？

学生分组实验、记录实验结果。汇报、讨论。

3.提问：你能解释一下为什么出现这种现象吗？

学生解释。

4.教师Flash课件演示："小孔成像"原理。

5.教师提问：你能说一说生活中光是沿直线传播的例子吗？

预设学生：影子。

【设计意图】运用知识解释生活中的现象。用"小孔实验"进一步证明光是沿直线传播的。

五、板书设计

> 光的传播
> 光沿直线传播
>
> 直线
> 直线、曲线
> 直线、曲线、光晕

六、教学反思

1.使学生经历探究的全过程

本课学生经历了"提出猜想—设计实验并预测结果—达成初步共识—质疑、补充实验—质疑、改进实验—建构科学概念"这样一个科学探究的全过程，展现学生按照科学的探究程序研究问题的过程，教学过程中也能注重培养学生运用科学的方法探究问题的能力及思维能力，突出科学探究这个主干，使学生在学习中感知科学的探究方法。

另外，板书设计很有创新，将学生的认知过程、探究过程直观地展现出来，这种不断纠正错误，越来越接近科学结论的板书设计，潜移默化地向学生渗透科学探究的方法与过程，符合人类认知规律，符合科学教育改革的目标，对学生的科学素养培养有极大的益处。

2.恰当运用多媒体，有效突破教学难点

本课知识与能力层次的难点有两个，一是对小孔成像原理的解释，另一个是对"无数带孔的纸屏叠加在一起，就形成一个直的孔洞"的理解。这两个难点都很抽象，不直观，学生不易理解。为了较好地突破难点，教师在这两处分别用Flash制作了课件，采用多媒体动态图像演示，把抽象的知识直观演示出来，有助于学生理解概念的本质属性。

本课过程与方法层次的难点有一个，即设计并实施光沿直线传播的实验。本课实验较多，如果光凭教师讲解，很难达到理想效果，而且光的传播路线是无法用肉眼直接看到的,这也给教学带来一定困难。教师通过多媒体展示,使光的传播路线可视化,多媒体与教学有机融合在一起,有效地突破了这一难点。

3.对"教师引导是否过多"问题的思考

科学探究活动一般应掌握由简单到复杂、由教师扶着走到逐步放开、由模仿到半独立再到独立的过程逐步进行。在设计实验环节,教师最初的教学设计是采用让学生根据实验材料自己设计实验方案。但通过试讲,效果很不理想,学生并不具备独立设计实验的能力。于是降低难度,由教师设计实验框架,引导学生逐步完善实验的教学设计。虽然有"教师引导是否过多"的嫌疑,但能够根据学生的实际水平设计教学方案,笔者认为还是比较恰当的。

附1:实验记录单

实验记录单一

猜一猜,光是怎样充满整个房间的呢?

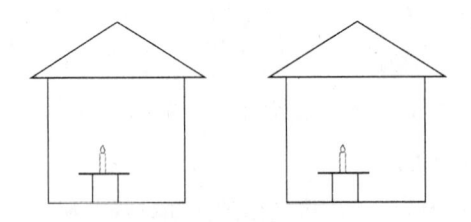

你为什么这样想呢?你的根据是什么?

实验记录单二

2号纸屏上看到什么?(画出来)

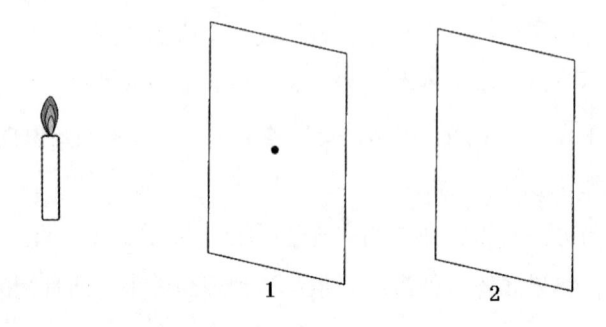

想一想：为什么会出现这种情况呢？

附2：学习效果评价

1.学生课堂表现

优	能够积极思考，在教师引导下能正确设计出实验方案，操作规范，能自己总结得出正确结论。懂得合作、善于交流、语言表达准确，逻辑性强。
良	能够在教师引导下设计出实验方案、操作基本规范，能在教师帮助下完成实验得出结论、语言表达基本准确、能够与同伴交流。
及格	不能够设计出实验方案，能听懂他人的方案并进行实验，能在教师帮助下完成实验得出结论，但语言表达不清楚。

2.课后测试题

简述"小孔成像"原理，并用简单的示意图表示出来。

优	能够很快应用"光沿直线传播"的知识做出科学解释，语言表达准确，并能用简单的示意图表示。
良	能够想到应用"光沿直线传播"的知识，在教师提示下能够做出解释，语言表达基本准确，能根据教师提示完成示意图。
及格	解释不够准确或不完整；不能完成示意图。

第三章　如何培养学生的科学探究能力

科学探究是人们探索和了解自然、获得科学知识的重要方法。培养学生的探究能力是课程改革的重要一环。科学课堂要设计适宜的探究问题，引发学生认知冲突，激发学生积极思维，让学生主动参与、动手动脑、积极体验，经历科学探究全过程，引导学生对所学知识和方法进行总结、反思、应用、迁移，促进学生自主学习和合作学习。经过多年的实践摸索，笔者认为以下几个问题是学生探究能力形成的制约因素，需要在工作中认真思考并努力改进。

一、在教授知识的同时注重探究过程的培养

知识的传承是教育的一大重点，教学离不开知识，但这并不是说只教知识就行了，重要的是知识是如何获得的，是通过主动探究得来的，还是被动接受的。现在越来越多的人认识到"过程"的重要性，教学观念也在努力从侧重知识技能的获得向关注基本素质的全面提高转变。但是，由于多年的应试教育，教师在有意无意中仍把学生的学习过程定位在获取和积累知识上，讲授加实验验证的教学模式仍占相当大的比例，例如《小陀螺》一课。

教学目标：通过自主探究，使学生发现陀螺转的时间长的秘密：转盘低一点，轴短一点，转盘大一点。

教学材料：充当转盘的圆卡片（大小两种），充当轴的牙签多根。

下面是一种教学过程：

环节一：教师发给学生一个小圆卡片、一根牙签。

师：请同学们用这两种材料制作一个小陀螺，试一试，转盘放在轴的什么位置上，陀螺转的时间才长呢？

操作后，生：我发现，把转盘放在轴的下部，陀螺转的时间长。

师：是越低越好吗？

生：不是，是在轴的中间偏下的地方最好。

师：那我们可以总结为：转盘低一点。

环节二：师：刚才我们对转盘进行了调整，发现了一个秘密。那你能不能对轴进行调整，再发现一个秘密呢？

操作后，生：我把牙签折断了一节，陀螺转得很好。

师：是吗？大家都试试。

生：真的转得很好。

师：我们又发现了一个秘密：轴短一点。

环节三：发给学生一个大圆卡片、一根牙签。

师：刚才我们用小转盘做了一个陀螺，我再发给你们一个大转盘，试一试，哪个陀螺转的时间长呢？

操作后，生：我发现大转盘的陀螺转的时间长。

师：那我们又发现一个秘密：转盘大一点。

观察这位教师的教学过程，表面上看符合探究教学的基本模式，学生也在经历探究的过程。但是这种探究，教师人为控制因素太多，将一个大环节分割成若干个小环节，且每一个小环节都是在教师的精心指导下完成。教师处处为学生"铺路"，一些本应让学生思考，本应让学生经历的环节被教师悄悄地代替了，学生经历的科学探究过程实际上是不完整的。这种教师牵着学生思路走的教学，压抑了学生的聪明才智，剥夺了学生探究的机会，使学生丧失了自我发现问题的能力。

那换一种策略又会是一种什么情形呢？

教师发给学生大、小圆卡片多张，牙签多根。

师：你能用这些材料制作一个小陀螺吗？试一试，怎样才能让小陀螺转的时间长呢？

操作后，生1：我发现转盘放低一点转的时间长。

师：是越低越好吗？

生1：不是，放在中间偏下的位置上最好。

师：那我们可以总结为：转盘低一点。

生2：我发现用大转盘做的陀螺比小转盘的陀螺转得好。

师：你能总结一下吗？

生：转盘大一点。

师：很好。还有发现吗？

生：我发现把三个转盘摞在一起转得最好。可是摞五个转得就不太好了。所以转盘应该重一点，但也不能太重。

师：说得太好了！其他人还有什么发现吗？

（生沉默）

师：刚才，你们都对什么进行了调整？

生：转盘。

师：还可以对什么进行调整？

生：轴。

师：怎样调整呢？大家试试。

操作后生：让轴短一点，转的时间长。

以上教学策略的优点在于，教师放下了手中的"指挥棒"，给予学生充足的时间与空间，放手让学生去探索、去经历、去感受，使学生经历了典型的科学探究活动。正是有了这种毫无束缚的探究环境，学生的思维才能任意驰骋，才能在研究中发展，才能在原有的水平上得到提高。这样学生获得的不仅仅是表面的知识，更重要的是过程、方法、情感态度、价值观等方面都得到了发展，真正做到了"培养学生的科学素养"。

知识是死的，而方法却是活的，教学中要更加强调过程，教学生如何学习、掌握学习的方法，使他们不仅掌握知识，而且要懂得怎样去学，如何才能学得到。

二、在注重探究过程的同时不要忽视教师的指导

随着课程改革的不断深入，教师们的教育观念都有了很大的转变，非常关注学生的主动学习，自主探究。但有时又往往矫枉过正，一味强调探究，结果出现了学生不知所从或盲目探究的情况。

《花的构造》一课，重点是通过观察，使学生认识完全花的构造，学会解剖技能。课堂上，教师为学生准备了大量完全花与不完全花，放手让学生自主探究。学生们或忙于观察，或忙于摆弄，个个兴致勃勃，场面热热闹闹。但当教师组织学生汇报时，却发现除少数人外，大部分学生都将注意力放在哪些花漂亮上了，再有就是满桌子七零八落的花瓣、花蕊，至于花的构造、如何解剖花则完全没有探究出来。可见，这种探究过于强调过程，偏失了结果，学生的科学探究能力没有真正得到培养和发展，是有悖于初衷的。

还有一种情形就是由于对探究学习的认识不到位，教师不敢多说，不知如何说，分不清怎样说是"填鸭式"的灌输，怎样说才是恰到好处的指导，于是该讲的不敢讲了，该教的不敢教了，课堂上出现了"放任自流"的情况。

《怎样加快溶解》一课，教师没有教学生如何进行对比实验，就让学生探究加快溶解的三种方法。虽然生活中学生对加快溶解的方法有很清晰的认识，但由于对比实验是初次接触，学生根本不具备实验的能力，于是课堂呈现了一种混乱状态，大家七手八脚地把各种材料往水中一倒，又不问青红皂白地一通搅拌，至于对比实验中应控制的多个相同条件则全然不顾，结果当然不言而喻。这种教学，过高地估计了学生的能力、水平，缺乏有效的指导。学生在不知怎样实验的情形下，如何能探究出结果？所以，探究是有条件的，当学生具备了这种能力，就放手让学生探究；暂时不具备这种能力的，应着眼于这种能力的培养，加强教师的指导。

"路要一步步走，饭要一口口吃"。学生的年龄毕竟还小，科学探究的能力还不强，这就需要一个由简单到复杂、由模仿到半独立再到独立的循序渐进的过程。教学实施中要加强必要的引导和启迪，逐步由"扶"到"放"。

【教学设计一】《变鼓的袋子》

一、教学目标

1.通过分析与研究环境中空气稀薄程度对物体体积影响的活动，让学生体会到固体和液体的体积不容易改变，有确定的体积；气体体积容易改变，没有确定的体积。

2.通过探究气体、固体、液体体积变化的活动，进一步发展学生分析试验的能力。在设计实验与具体实验之间搭建过渡联系，帮助学生提升设计实验的能力，并锻炼学生根据实验现象分析、得出实验结论的能力。

3.通过情景设计，让学生体会到生活中蕴藏着各种有趣的科学现象，鼓励学生对生活进行观察，增强学生探究物质世界奥秘的好奇心。感受自然界与人类生活中所发生的、丰富多彩的物质变化。

4.引导学生在科学探究中能以事实为依据，面对有说服力的证据能调整自己的观点。愿意倾听、分享他人的信息，乐于表达、讲述自己的观点。关注生活中与物质三态有关的现象和问题。

二、教学重难点

教学重点：通过探究活动，让学生明确地感受到，物质世界中气体没有确定的体积。并能够分析推理出固体、液体有确定体积。

教学难点：通过课堂活动，让学生对于生活中的实际情况进行分析，在厘清变量与自变量的基础上，能合理地进行实验，并对实验结果进行分析，得出实验结论。

三、材料准备

抽真空装置、气球、塑料袋包装食品。

四、教学过程

（一）引发学生关注现实生活中气体体积变化

假期中，老师进行了一次旅行。在快要达到西藏高原时，一件奇怪的事发生了，你们猜，发生了什么事？

学生观察后回答：车上的面包袋子变鼓了。

原本正常的小面包，它的袋子鼓了起来。今天我们就来一起研究一下这个"变鼓的袋子"。

（出示课题：变鼓的袋子）

【设计意图】让学生发现生活中气体体积变化的现象。

（二）出示问题：气体体积的变化是否与外界空气稀薄程度有关

从北京到西藏高原，原本正常的小面包袋子竟然鼓了起来，生活中，你们谁还遇到过海拔从低到高，袋子变鼓的现象？

学生汇报。

学生讲述乘坐飞机时，零食袋子变鼓的经历。

继续学生话题，在乘坐飞机时，原本正常的薯片袋子鼓了起来；我在爬北京的最高峰灵山时，还发现过饼干袋子变鼓的经历。

学生观察薯片袋子与饼干袋子的变化，产生疑问。

【设计意图】从生活实际出发，通过生活现象，引出问题。

教师：你们觉得，是袋子中什么的体积变化了？

预设学生回答：空气。

教师：袋子中原来还有空气，你们觉得，是袋子中的空气变多了吗？

板书：空气。

空气的多少没有变，是空气的什么变了？

学生回答：空气的体积。

板书：体积。

你们觉得密封袋子中空气体积变大可能与什么因素有关？

学生回答：袋子是密封的，空气不能流通，是袋子里原有的空气体积变多了。

【设计意图】梳理学生思路，问题归因。

（三）探究方法：气体体积的变化是否与外界空气稀薄程度有关

海拔从低到高可能只是表面现象，会不会是高原环境中空气较为稀薄，造成了密封袋子内空气体积的变化呢？

学生猜想、讨论。

可能是，也可能不是。想要证明环境中空气稀薄是否与密封袋子中空气体积变化之间存在关系，我们应该怎样做？

预设学生的想法：

1.可以把袋子里装上空气，然后放到空气稀薄的地方，看鼓不鼓。

2.可以把空气放真空罩里，抽出空气看鼓不鼓。

3.可以把空气放袋子里，然后放到真空袋子里。

布置讨论汇报。

基于学生回答，分析实验需求。

想要探究密封袋子中空气体积变化与环境中空气稀薄之间是否存在关系，首先，我们需要一袋空气，然后想办法把袋子周围的空气变得稀薄一些。可是，想要把教室中的空气变得稀薄一些太难了。我们还能怎样做？

学生根据之前讨论结果，一起与教师梳理实验思路。

预设学生回答：小纸杯、小玻璃杯。

不管是小杯子还是小盒子，我们需要把这袋空气放到一个小的环境当中。可是，教室里的我们，也没办法把这个小环境放到高原上啊。我们应该怎么做，才能让小环境中的空气稀薄一些？

预设学生回答：可以将其中的空气用吸管抽出来一部分。

只抽气就可以了吗？同时还要给容器加个盖子。

抽气的同时，还要保证小环境的密封性。

纸盒子的密封性可能不太好，我们可以用什么？你们见过家里的密封罐吗？它的密封性是不是很好？

现在同学们的桌子上有两种不同的罐子。我们真的能在罐子中营造出空气稀薄的环境吗？哪些现象可以说明，罐子中的空气被抽走了一部分呢？

请同学们动手试一试。

学生汇报。

教师小结：这些现象，都告诉了我们，罐子中的空气被抽走了一部分。

【设计意图】收集证据，验证实验可行性。

看来我们真的可以在罐子中营造出一个空气稀薄的环境。想要证明我们的猜想，我们还缺少什么？

这个装空气的气球可不可以？

学生思考分析。

空气抽出一些后，如果我们的猜想是正确的，你会看到什么现象？

假如气球变大了，说明了什么？

假如气球没有变化，说明了什么？

预设学生回答：

1.气球变大，说明环境中空气稀薄会造成袋子内空气体积变大。

2.气球不变，说明环境中空气稀薄不会造成袋子内空气体积变大

请同学们领一个气球，动手试一试。

教师组织实验，学生实验，并根据实验结果，填写记录单。

组织学生汇报。

预设学生汇报：罐子中抽出气体后，气球内气体体积变大；罐子中空气越稀薄，气球内气体体积越大；气球内并无气体进入，是原有空气体积变大了。

小结：当外界空气变稀薄时，气球内空气体积变大；当外界空气恢复时，气球内空气体积恢复原来的大小。空气的体积是不是很容易改变？

学生进行实验，并根据实验结果进行汇报。

预设：零食袋子内气体没有改变。

不过据老师所知，零食袋子里一般装的并不是空气。这些气体的体积是否像空气一样容易变化呢？

请同学们拿出小零食，再试一试。

组织汇报。

总结：气体体积容易改变。

（四）探究液体体积、固体体积的变化是否与外界空气稀薄程度有关

如果在去往西藏的路上，老师的车上还有一袋水，水的体积是否会发生像空气一样的变化？

学生讨论：预设有的说是，有的说不是。

请同学们拿出水球，再一次尝试。

学生进行实验。

组织汇报，预设：水球的体积没有变化。

小结：液体体积不容易改变。

【设计意图】检验学生上述方法学习情况的同时，学生学会举一反三。引发学生思考。

空气是一种气体，水是一种液体，还有哪种物质状态没有研究？

请同学们用自己的橡皮试一试。

学生拿出橡皮进行实验，汇报实验结果。

预设：橡皮的体积不容易改变。

小结：固体体积不容易改变。

【设计意图】学生通过使用相同的研究方法，来研究这两个问题，看学生的思维是否得到提升，巩固学生的探究意识。

（五）总结提升

通过今天的学习，我们认识到了，空气这种气体的体积容易改变；水这种液体，橡皮这种固体的体积不容易改变。

我们还知道了，原来袋子变鼓的秘密就是高原环境中空气稀薄造成的。

请你们看一看，下面这名同学遇到的情况和老师一样吗？他放在家里的食物，过了两天，袋子鼓了起来。

预设学生回答：他没有去高原，是食物腐坏涨袋的现象。

这个袋子变鼓的秘密又是什么呢？感兴趣的同学可以下课查找一些资料。但是，这样的食物我们千万不能食用。

今天，我们尝试了将罐子中的空气抽出来一些，观察了空气、水、橡皮的体积变化。如果，我们向罐子中再多打进一些空气，它们又会发什么样的变化？我们下节课继续研究。

学生带着对食物涨袋和下节课内容的好奇，结束了本节课的学习。

【设计意图】思维提升，是因为随着外界空气稀薄，体积是否有变化，才能说明体积是不是确定的；对学生进行安全教育；引发学生好奇，激发学生继续探究物体体积的欲望。

五、板书设计

```
         变鼓的袋子

           空气
           体积
```

六、教学反思

（一）本节课的由来

本课选自三年级上册《固体、液体和气体》单元，《它们有确定的体积吗》这一课改编加工而成，形成一个精练的主题。属于物质科学领域，旨在让学生能够使用简单的仪器测量物体的体积，并使用恰当的计量单位进行记录。让学生知道在一定情况下固体、液体有确定的体积，而气体没有固定的体积。

《它们有确定的体积吗》一课，是按"分析推理固体有确定的体积，液体有确定体积，这是实验证明可以被测量，继而学习使用量筒，拓展测量固体体积"的认知发展规划本课活动，通过"压缩注射器里的水和空气""同一杯水倒入不同形状的量筒中""测量不规则的固体体积"等探究活动，让学生分析得出固体和液体有确定的体积，气体没有确定的体积。

这里都是学生在按照一定的现有方法，按部就班地去做实验，缺少问题情境和对实验设计的探索。基于课标要求与教材分析，教师将本课授课内容拆分成三课时进行。

第一课时，让学生认识物体是有体积的。第二课时，变鼓的袋子，让学生认识固体、液体体积不容易改变，有确定的体积；气体体积容易改变，没有确定的体积。第三课时为量筒的使用。本课所展示内容为该课第二课时内容，变鼓的袋子，由《它们有确定的体积吗》演化而来。

（二）问题的形成

本节课从生活情境出发，提出三个问题：高空中飞机上的小面包袋变鼓；高原上的密封零食袋也变鼓了；高山上的密封护手霜也变鼓了。这和什么因素有关系呢？在分析过程中逐步形成问题。

学生很容易概括出一个共性，这个时候学生的思维方法是归纳求同的方法，这里一个情景可能说明不了问题，这里出示了三个类似的情景，力求让学生分析共同点，归纳出可能引起的这种现象的关系，学生能够以此做出假设，如果光有空气的袋子在稀薄的空气中变鼓了，就说明袋子的体积变化和空气稀薄有关系，那学生就要去验证这个假设是否成立，学生做实验就有了明确的方向和思考观察的落脚点，学生才能根据这个假设去设计实验，也就是学生以后的设计实验和观察现象、分析实验、得出结论都有了支点，到此时才能说问题形成了。

海拔由低到高，那么由低到高显著的差异是什么呢？基于二年级学习空气的知识和生活认知。会发现海拔由低到高空气会越来越变得稀薄。所以爬高山的人缺氧就会带氧气瓶辅助呼吸，进入高原的人因为空气稀薄出现高原反应。由低到高、空气变稀薄了的外环境是导致密封的袋子变鼓的原因吗？就成了本节课的研究问题。

（三）如何模拟实验

海拔由低到高，看到面包袋会出现涨包变鼓的情况，来进行探究实验。首先学生要模拟这个高空空气稀薄的环境，教师引导三年级的学生在找不变量中，一步步完善：

1.需要在小环境中进行模拟。

2.需要一个改变小环境内空气多少的仪器。

3.需要装空气的物体。

4.怎样保证空间的密闭性……

在这个环节里，有以下几个特点：

1.学生基于假设的设计有指导思路。

2.设计分为两个层次，先设计模拟实验的思路。学生能够根据假设，设计实验思路，再到细节设计，这种设计对于学生来说是有指导思想的，在指导思想下设计。

3.学生能够明晰情景中的要素和模拟实验中的要素的对应关系，在情景中，学生就有意识地去把面包放入机舱或者车里这个小环境中去。

4.本节课学生去设计实验不是看着材料去设计，而是像科学家一样根据需求设计实验。根据需求去建构实验材料。

（四）创新实验辅助学生认知发展

分析完实验要素，学生通过实验，能感知到是在从装置里往外抽气，是因为在抽气的时候，小软纽就瘪了，这是装置内气体变稀薄了的标志。抽气后就模拟了高空空气稀薄的环境。这样就与生活情境相吻合了。

当学生把气球放入装置里时，气球的体积没有变化，当学生通过气筒抽气时，观察到空气变稀薄后，气球体积变大。初步证实了空气变稀薄能使环境中密闭的空气袋变鼓膨胀。这与初中物理课程大气压强产生联系，达到渗透而不点透的功效。

那么空气变稀薄后，小的零食袋真的就能变鼓吗？老师带着学生在课上模拟还原了高空中的情景，发现把瓶子里的空气抽走一些后，空气变稀薄后，密封的零食袋就变鼓了，这也更加证实了高空确实是因为空气变稀薄了，导致高原上的密封食品袋变鼓了，高空飞机上的小面包袋变鼓了。

通过模拟实验，也证实了是因为环境的因素变化，导致空气体积发生了变化和不确定性。空气没有确定的体积。

学生的思维得到隐性发展，当学生在实验观察的过程中发现了一些规律：

1.空气变稀薄后，气球膨胀。

2.抽气次数与气球膨胀大小的关系。空气越稀薄，气球膨胀得越大。

（五）本节课亮点

1.本课设计不是单纯的为了实验而实验，而是力求通过实验，解释生活中的真实问题，达到学以致用，迁移、深化的目的。

2.本节课的教学为初中物理学习大气压强和大气变化奠定了基础，从概念的进阶着手设计教学。

3.实验的教具具有创新特色。

附1：实验记录单

变鼓的袋子实验记录单　　　　组号_____

请你画出气球的样子

最初环境中的气球	空气稀薄环境中的气球	回到最初环境中的气球

通过实验我们发现，当环境中空气稀薄时，气球内空气体积_____；当环境中空气恢复后，_____。

附2：学习效果评价

布置课堂任务，学生当堂完成，教师通过现场观察其完成的速度、质量与效果，评价其某一方面的水平。

标准	内容			
	解决问题的策略	解决问题的参与度	解决问题的多样性	解决问题的效果
评价标准	是否能够解决课堂上遇到的问题。	是否参与解决问题的过程中，提出相应的解决问题的建议。	能够自主提出和发现问题，更新解决问题的方法和手段。	所提出的解决问题的方法能够解决实际问题
星级评价				

【教学设计二】《认识人工世界》

一、教学目标

1.学生通过人工与自然生存环境的对比，体会人工世界给人类生活带来的便利与舒适。

2.在社区模型的建立过程中，利用提供的材料，通过口述、图示等方式表达自己的设计与想法，并完成任务。

3.在社区模型建立的过程中，通过教师指导，学生能够简要讲述探究的过程与结论，并与学生讨论交流。

4.在初步完成设计后，学生能够具有对探究过程、结果进行反思、评价与改进的意识。

5.通过建造社区模型的活动，让学生了解人类可以利用科学技术改造自然，让生活环境不断改善。

6.在模型建造过程中，学生能够愿意倾听与分享他人的意见，乐于表达、讲述自己的观点，最终能够按要求进行合作探究学习。

二、教学重难点

教学重点：学生通过活动，在体会人工世界给人类生活带来的便利和舒适的同时，能够利用提供的材料，简单表述自己的设计与想法。

教学难点：在搭建社区模型的活动中，学生能够依据生活的需要，合理地思考和设计。

三、材料准备

鸡蛋纸托、打印卡片、课件。

四、教学过程

（一）导入新知

教师出示生鸡腿与熟鸡腿的图片，提问：如果让你选择今天的午餐，你会选择哪一个？为什么？（追问：生的和熟的吃起来有什么区别？是谁让它变熟的？）

学生观察鸡腿后，笑，回答吃熟鸡腿。

预设：

1.它是熟的。

2.生的不能吃。

3.没吃过生的，不知道有什么区别。

4.吃生的会得病，还不好吃。

5.厨师，妈妈，制作它的人。

小结：香喷喷的熟鸡腿，是人类利用材料和工具，对生鸡腿改造后做成的，比生吃更美味和健康。其实，不仅仅是食物，我们现在的居住和生存环境如此舒适便捷，都是通过人工对自然环境的改造完成的。

【设计意图】通过对比，体会加工过的食物更美味，从而引出人工世界的主题。

（二）新授

1.对比人工与自然生存环境

（1）教师出示一名学生的图片和表格，提问：你每天都穿什么？吃什么？居住环境怎么样？怎么去学校？

学生思考、汇报。

预设：穿××衣服、吃煮熟的饭菜、住在××小区、里面有××、坐车、公交等。

教师课件记录。

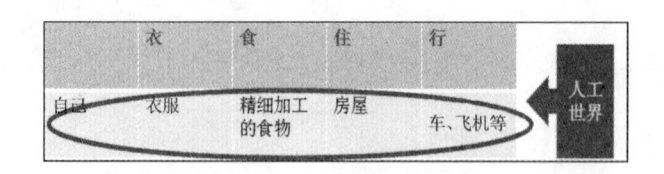

	衣	食	住	行	
自己	衣服	精细加工的食物	房屋	车、飞机等	人工世界

教师小结： 你们每天的衣食住行是这样的。你们提到的汽车、××等等，都是人类设计并制造的物体，它们构成了我们周围的人工世界。

【设计意图】 通过对比猴子、野人、自己三者之间的衣、食、住、行的不同，让学生体会人工世界给人类生活带来的便捷与舒适。

（2）教师出示一个野人的图片和表格，提问：他每天穿什么？吃什么（如何获得）？居住环境怎么样？怎么去对面的山？

学生思考、猜想。

预设：穿树叶、皮毛；茹毛饮血；住在山洞、树洞里；走着去，骑马去等。

教师课件记录。

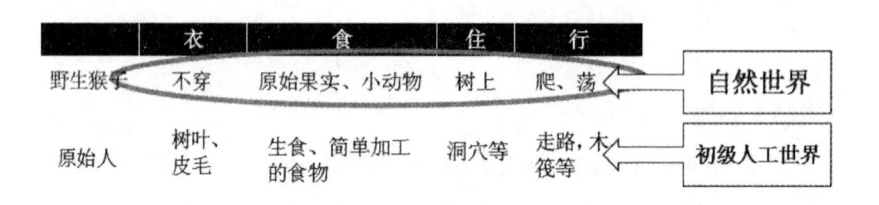

	衣	食	住	行	
野生猴子	不穿	原始果实、小动物	树上	爬、荡	自然世界
原始人	树叶、皮毛	生食、简单加工的食物	洞穴等	走路,木筏等	初级人工世界

教师小结： 你们刚刚提到的石锤、××，也是人类制造的物体，它们也构成了人工的世界。

提问： 你觉得哪种人工世界更舒服？为什么？

预设： 新的人工世界。不用这么辛苦。

小结： 随着科学技术的不断完善，我们人工的世界也越来越舒适。

（3）出示猴子的图片和表格，提问：它穿什么？吃什么？住哪里？怎么过河？

学生笑，猜想。

预设： 吃果子，住树上，什么都不穿，过不去河。

小结： 猴子没有对自然做出改造，它生存的是自然环境。你觉得自然环境和人工环境，哪个住起来更舒适？

预设：人工世界，舒服。

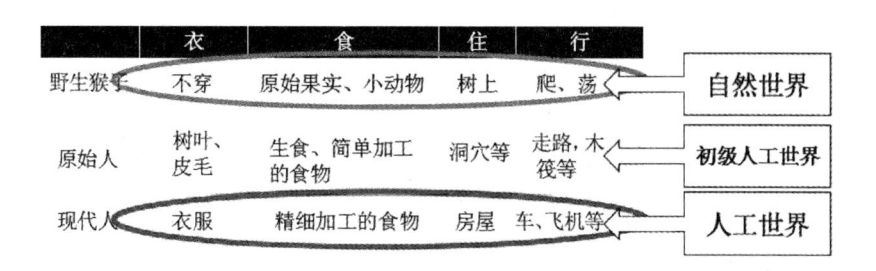

	衣	食	住	行	
野生猴子	不穿	原始果实、小动物	树上	爬、荡	自然世界
原始人	树叶、皮毛	生食、简单加工的食物	洞穴等	走路、木筏等	初级人工世界
现代人	衣服	精细加工的食物	房屋	车、飞机等	人工世界

小结：对比自然环境，人工环境可以让我们的生活更加便捷、舒适。

2.建立社区模型

（1）教师出示装置、场景、任务：这里有一片原始森林，我们的家在这里。咱们需要在这片森林中，设计出一个自己居住得舒适的社区。

学生观察场景，装置。

布置讨论：请同学们先想一想，我们居住的社区，需要有什么？然后把你的想法和同组的同学交流一下。

学生小组讨论、汇报。

预设：学校、公园、医院、商场、餐厅、桥梁等。

布置汇报。

小结：如果要创建一个舒适的社区，需要建造出这么多东西。

【设计意图】在社区模型的建立过程中，利用提供的材料，通过口述、图示等方式表达自己的设计与想法，并完成任务。

（2）教师布置讨论、设计：现在这个装置是个原始环境，我们要去掉哪里的植物来建造这些建筑呢？它们建在哪里，我们生活才方便呢？

学生小组讨论、汇报。

预设模式：医院在这里，因为看病方便；公园在这里，晚上可以散步等等。

把你的想法和同组交流后，在报告单中做出设计。

（3）布置汇报。（你们为什么这么设计？）

（4）布置制作、展示。

学生制作装置，去除一些树木，装上一些建筑。

（三）总结

【设计意图】 总结、回顾知识。

通过今天的学习，你们觉得多彩的人工世界为我们的生活带来了哪些好处？

学生：吃得更好，住得更好，更方便，更舒服。

教师小结。

五、板书设计

认识人工世界
我的社区

六、教学反思

本教学设计是为了研究"学生有效表达思维进程"而设计的。

1.概念与学生表达关系（见下图）

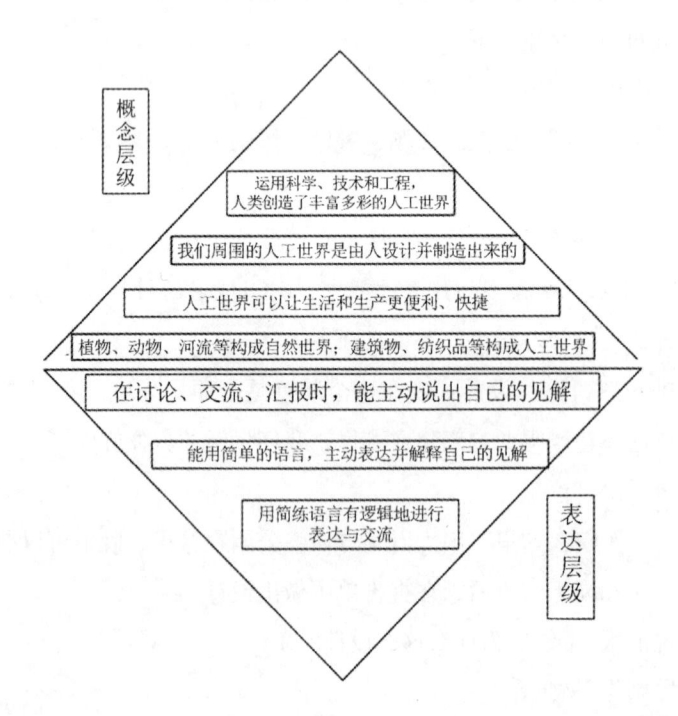

```
                    概念层级

              运用科学、技术和工程，
              人类创造了丰富多彩的人工世界

          我们周围的人工世界是由人设计并制造出来的

             人工世界可以让生活和生产更便利、快捷

      植物、动物、河流等构成自然世界；建筑物、纺织品等构成人工世界

             在讨论、交流、汇报时，能主动说出自己的见解

              能用简单的语言，主动表达并解释自己的见解

                 用简练语言有逻辑地进行
                      表达与交流
                                            表达层级
```

（1）构建的概念层级

底层：植物、动物、河流等构成自然世界；建筑物、纺织品等构成人工世界。

二层：人工世界可以让生活和生产更加便利、快捷。

三层：我们周围的人工世界是由人设计并制造出来的。

顶层：运用科学、技术和工程，人类创造了丰富多彩的人工世界。

（2）学生的表达层级

底层：在讨论、交流、汇报时，能主动说出自己的见解。

中层：能用简单的语言，主动表达并解释自己的见解。

顶层：用简练的语言有逻辑地进行表达与交流。

2.关键环节设定

（1）关键环节：设计人工世界

在社区模型的建立过程中，利用提供的材料，通过口述、图示等方式表达自己的设计与想法，并完成任务。

（2）节点：需求分析

学生应能够根据上一环节总结的经验，分析出人类需要对荒岛进行改造的方面。

表现等级一：无法说出见解，或无法联系上一环节总结的经验，提出合理的荒岛改造需求。

表现等级二：能够用简单的词语，提出对荒岛合理的改造需求。但表达不够完整，用词不够准确。

表现等级三：能够用准确的语言、完整的句子，有逻辑地提出对荒岛改造的合理需求。

（3）干预措施

干预一：提示学生回想之前经验，鼓励学生说出想法，搭建思维阶梯。

干预二：运用逻辑关键词提示（板书、课件），鼓励学生用完整语言表述。

干预三：运用强化法，表扬表达者，并分析表达者表达方式的优势。

（4）取得效果

效果一：学生能在教师的提示和引导下，说出自己的见解。

效果二：学生能根据提示，完整表达自己的见解。

效果三：在下一环节"荒岛布置"时，运用表达者表达方式的学生显著增多。

3.学习效果分析

在干预前，学生对于荒岛改造需求分析的表达存在三种情况。

造成表现等级一的原因可能有很多，例如学生缺少日常语言训练、上一环节未认真听讲或未理解、缺少表达的勇气等。由于本课的各环节间的逻辑关系较为清晰，教师可以用简练语言对学生进行提示，便可取得较好的效果。经提示与鼓励后的学生，大多可以进入二等级状态。

造成表现等级二的主要原因有两方面：一是日常表达训练不够，学生没有用完整句子表达的习惯；二是想要表达的内容过多，造成表达混乱。针对第一点，因在板书或课件中出示逻辑关键词，引导学生使用关键词进行描述。而对于第二点的学生，应帮助其厘清顺序，逐条进行表述。

最终，通过课堂的训练，需要让学生达到表现等级三。部分学生已经具备了完整清晰表达思维的能力，此时需要不断强化，树立榜样，为学生日后坚持合理表达提供动机。

本课教学中，三种干预方式取得的效果，可以在下一教学环节"环岛设计汇报"中有所体现。处于表现等级一、二的学生都有了不同的进步，证实本课设计的干预方法具有可行性和有效性。

附：实验记录单

人工世界活动记录单

我想建＿＿＿＿＿＿＿＿＿＿＿＿＿＿＿＿＿＿＿＿＿＿＿＿＿＿＿＿，

因为：

第四章　怎样在小学科学课堂上培养学生的科学思维

科学思维是指在事实证据和科学推理的过程中，运用的逻辑思维方法，是小学科学学科核心素养之一。科学思维表现在质疑与创新中，重点是具有批判性思维的意识，能基于证据大胆质疑，能从不同角度思考问题，追求创新。在小学科学课堂教学中，教师要不拘书本、不依常规，优选教学内容，优化教学路径，帮助学生从多方面、多角度思考、分析问题，并积极地提出自己的新观点、新思路、新方法，培养思维的深刻性、独创性、灵活性和批判性，让学生的科学思维在具体的实践体验中逐步走向深入。

"学习使用弹簧测力计测量力的大小"是学生必备的一项科学技能，是后续学习力、机械等内容的基础。针对测力计的使用这一内容，笔者进行了深入思考，对教材进行处理，设置了三个有梯度又具趣味性的疑难挑战活动，让学生通过实际操作解决难题。下面以《测力计的使用》一课为例来谈谈如何设置疑难，引领学生创造性地解决问题，从而有效培养学生的科学思维。

一、优选教学内容，巧妙设置问题疑难

从教学目标达成来说，我们不仅要让学生熟练、正确地使用测力计，还有更为重要的就是学生在使用测力计过程中，能够不断尝试从不同视角、采用多种方法解决问题，培育创新精神；从教学内容设计来说，我们要选择有挑战难度且趣味性强的活动，让学生踮一踮脚尖或者跳一跳就解决，这样就比单纯的操作训练更能激起学生的兴趣，活动效果自然好。

对于正确使用测力计，教材只是利用了一个很小的环节、很简易的活动、很少的时间让学生测量一些身边的物体的重力，方式方法显得单一，缺乏梯度

与层次。针对教材中的问题，笔者对原教材进行优化调整，设计了三个有层次的疑难活动，让学生在活动中学会并熟练掌握测力计的使用方法，更重要的是在这一过程中尝试运用已有知识及经验解决实际问题的能力。

疑难活动一：测量提起一个曲别针所用的力。（疑难点：一个曲别针过轻，测不出重力。解决办法：测量多个取平均数。）

疑难活动二：测量提起一袋小石子所用的力。（疑难点：石子过重，超过测力计量程。解决办法：分次测量后求和。）

疑难活动三：测量提起一块石头所用的力。（疑难点：石头过重，超过测力计量程，且不能分次。解决办法：利用力的合成与分解原理，使用两个测力计同时测量后求和。）

这三个疑难测量活动均不在测力计的量程范围内，有的过轻、有的过重，需要学生思考有效的方法才能解决；三个活动的难度又有一定梯度，尤其第三个挑战难度更大一些，需要学生打破原有思维定式，灵活思考，才能找到方法。三个活动体现了综合性与实践性，能让学生更加积极主动地开展探究与实践学习，并在探究过程中产生深度思维动力，多角度思考解决问题的方法。

1.基于核心素养的培养

设置这三个疑难活动，体现了对学生核心素养的培养。

"科学思维"是科学领域公共核心素养四个要点之一，聚焦小学科学学科核心素养具体包括模型建构、科学推理、科学论证、质疑创新等四个方面，其中"质疑创新"的重点是，具有批判性思维的意识，能基于证据大胆质疑，能从不同角度思考问题，追求创新。本课设计的这三个挑战活动，能促进学生对要研究的问题提出解决方案，能选择合理有效的解决方法并进行尝试，能总结成功的经验，分析失败的原因，比较灵活地将所经历的经验、方法等迁移应用，最终达到解决问题的目的。体现了对学生"科学思维"这一科学学科核心素养的培养。

2.基于学情的分析

在知识技能方面，五年级学生学习过放大镜、温度计等实验仪器的使用方法，能够较为正确的操作这些实验仪器。在思维发展方面，五年级学生处在抽象逻辑思维的初始阶段，能够在直观的表面现象基础上分析更深层次的因素。

在跨学科知识能力方面，数学课学习了小数除法，能够计算小数除以两位整数。通过对学生情况的分析，教师设计的三个疑难活动还是恰当的，学生能够利用已有知识、经验，经过一个迁移、试错的过程完成挑战任务。

3.基于学科测试的启发

2010年北京市曾在全市范围开展了科学学科操作技能测试，测试年级为五年级，测试内容即为测力计的使用，具体题目是测量超过测力计量程的一袋石子的重力，测试的目的除了加强实验教学工作、提高教学质量的基本要求以外，更重要的是培养学生的创新精神和实践能力，促进学生终身发展。参考这次技能测试，笔者将这一内容设置为第二个疑难活动，并受到这次测试的启发，设计了另外两个疑难活动。

二、优化教学路径，巧妙设置解题疑难

从教学方法上来看，采用先学后讲和先做后解的原则，给予学生充足的时间和广阔的空间，引导学生亲身经历解决疑难问题的过程，在探究的过程中体验科学的精神价值与成果。

1.先学后讲

在学习"测力计的使用方法"环节，笔者给学生设置了疑难，即先学后讲。测力计相对于显微镜、托盘天平等这些较为复杂、规范性强的工具，使用方法较为简单，所以在教学上我并没有给学生讲解，而是事先编制了使用说明书，先让学生自学，然后试着解答学习单后的问题，对于有疑难的问题进行互相提问，老师只起到辅助作用。这样设计增加了学生学习的难度，但这正是基于现实生活的需要。在现实生活中，面对某一新仪器（或设备等）的使用时，并没有人专门讲解用法，而是通过阅读说明书的方式来进行。所以这一部分的授课，也采用让学生阅读说明书的方式，这也是一种必要的学习能力。

面对教师设置的疑难问题，学生的表现如何呢？我们用三台摄像机，一台主机位追踪教师及回答问题的学生；另两台深入学生中，分别追踪两组学生在实验操作过程的的表现，并对每个小组、每个学生的语言、动作、行为等做了较为详细的描述，下面从"不要超过测力计最大量程"和"正确读出数值"这

两个难点来分析学生的自学效果。

（1）防止超过最大量程

描述	分析
一个小男孩左手将塑料袋挂在挂钩上，右手托着石头一点点地向下放，直到指针快到最大量程时，赶紧取下塑料袋。 孩子提起一袋石块挂在挂钩上，另一只手在下面托着。右手扶着塑料袋上面，左手托着塑料袋底部，慢慢地小心地往下放，直到把弹簧拉到最长。	学生操作规范到位，掌握理想。

（2）正确读出数值

描述	分析
生：争执，最后达成统一0.04牛。 生：又争执，最后确定0.22牛。 生：又争执，最后确定0.36牛。 生：认真读数，最后确定0.46牛，记录。	学生开始遇到了一定困难，尤其是最小刻度值为0.02牛，这对孩子来说确实有一定难度。但在多次实践中，学生的能力在逐步提高，由最初的争执、讨论，直到最后的统一。

2.先做后解

本课的活动重点是让学生三次挑战测量量程外的力，在活动中培养思维的独创性，提高解决问题的能力。在完成这三个挑战活动的环节，笔者又给学生设置了疑难：先做后解。课堂上，对于三个疑难活动，教师并没有给予任何的提示，而是让学生自主解决。学生在任务履行过程中，会选择一个可能的解法，经过验证后如果失败，会选择另一个可能的解法再接着尝试下去。实际上这也是我们常用的试错法，它是解决问题、获得知识常用的方法，试错并不是无目的地瞎试，而是能对过程、方法进行反思，及时调整方案，有条理地整理出最有机会成功解决问题的解法。在整个过程中，学生从多角度、多方式去探索，在积极思考、互动合作的状态中解决任务，培养学生的探究能力和解决问题的能力。

面对这样的疑难，学生的表现又是怎样呢？

（1）第一个疑难活动：测量一个曲别针的重力

描述	分析
学生1：拿出一枚曲别针挂在挂钩上。 学生2：我觉得（指针）没动。 学生3：摆手，没动。 学生4：是不是（观察）角度不同啊？ 学生2、3：反复测量，发现确实测不出数值。 学生2：取下测力计，怀疑是测力计的问题。调好测力计后再测，还是测不出。	面对问题，学生开始是没有思路的，所以无意识地反复测量一个曲别针，并怀疑是测力计出了故障。
学生3：拿出两个曲别针，尝试测量。 学生4：是不是两个就动了？ 学生3、4：在挂上4枚曲别针之后发现指针还是没动，继续往上加挂曲别针。在加到8枚曲别针的时候有了读数。 学生1、3、4：（欣喜若狂）有了，有了。 学生2：是几个？ 学生4：八个0.02（牛）！ 学生1：低头在草稿纸上计算。	当一个学生尝试放两个曲别针时，另一个学生马上想到多个曲别针可能会有读数，两个不行就挂更多的。方法也就在实践操作的过程中摸索到了。
学生3：（不甘心）于是又挂了一个曲别针，继续读数，直到挂了10个，再读数，低头计算。	学生3不甘心，挂了10个，应该是想继续检验，使数值更加趋于准确。

（2）第二个疑难活动：测量提起一袋石子的力

描述	分析
师：按小组顺序发放实验材料（一袋碎石块）。 学生1：自己组的材料还没有拿到，观察其他组发放的材料。 学生1：肯定超过1牛了！ 学生2：接过材料，自己打开塑料袋看了看，系上袋口，把袋子挂在了测力计的挂钩上。右手扶着塑料袋上面，左手托着塑料袋底部，慢慢地小心地往下放，直到把弹簧拉到最长，发现超过了量程。 学生1、2、3：拿起记录单讨论。 商量片刻后。	发现石子超过量程后，一名学生想到一块一块地测量，于是第一次只测量了一块石子。 用同样的方法测量第二块石子。
学生2：把塑料袋摘下，拿出袋中石子放在桌上，袋中只留下一块石子，称量袋中石子，记录。 学生2：摘下袋子，拿出袋中石子，放在一旁，又放进另一块石子测量，学生读数。接着继续实验，摘下袋子，拿出袋中石子，放在一旁，准备测量第三块石子。 学生1：突然用手抓起三个石子放入袋内，开始称量。 学生1、3：摘下袋子，拿出袋中石子，放在一旁，又挑了更多的石子放入袋中，开始称量。 学生2：计算总数，最后确定总数为1.22牛，记录。 学生1、2、3：和另一个组交流，询问情况。	学生经历了两次测量一块石子的过程后，渐渐发现数值与最大量程还有很大差距，如果继续这样测量会很耽误时间，于是第三次开始尝试着一次测量多个石子，这样会更加简便。第四次测量更多的石子，可见学生在操作过程中能够将任务与经验相结合、动手与动脑相结合，寻找着更好的解决方案，主动进入深层次的思考、探究中。

（3）第三个疑难活动：测量一块超过测力计量程的石头的重力

描述	分析
师：第三关，咱们来测提起一块大石头用多少力。 学生1：没有动手试，手握着石头，挠了挠头发，然后站起来与组员耳语交流。 学生2：从同伴那儿把大石块抢过来，把塑料袋分别挂在两个测力计上，托袋底缓放。 学生1：读自己一边测力计的读数。 学生3：读自己一边测力计的读数。 学生1：够着脖子踮着脚看对面测力计的读数。 学生1：把塑料袋拿下来，又测了一回，读数还是不一样，于是取下塑料袋。 学生2：还是不死心，又测了一遍。 学生1、3：连比画带交流（生3伸出手指1和4，估计是说两个测力计的读数加起来是1.4牛）。 学生1：够着头看对面的测力计（似乎是对生3的读数不确信），回来看自己一侧的测力计读数，确认了两边的读数。	接到任务，学生没有急于操作，而是小组内讨论解决方案，并在短时间内找到了最佳方案。 但在他们的意识中两个测力计的读数应该是一样的，实际却不一样，这与他们先前的想法有冲突，于是他们继续探究，几次实践之后，学生才确认当石头不在两个测力计的中心点时，两个测力计的数值是不一样的。在实践中，学生有了意外收获。

回顾这堂课，有课前的精心设计、有课上的科学实施，可谓独具匠心。其实，我们在平时的课堂上，要好好研究什么是值得学生学习的内容并精心设计，什么是适合学生学习的方法并科学实施。相信做好了这两方面的工作，一定会有好的教学设计，一定能够培养学生的科学思维，最终落实培养学生科学核心素养的根本目标。

【教学案例】《摆的秘密》

挖掘细节表现　分析思维轨迹
——失败小组的启示

发展学生的科学思维，是众多科学教师一直思考和探索的。笔者曾执教《摆的秘密》一课，通过两个对比实验，学生得出"摆的摆动快慢与摆线长短有关、与摆锤轻重无关"的科学结论。为了检验上课效果，笔者进行了全程录像。

课后反复观看了其中一个小组的实验过程视频，从视频中可以看出，该组学生一直在摆弄摆锤，而自始至终没动过摆线，所以我们可以看出这组学生在探究"摆锤重量与摆速关系"这个可能性。但从视频中可以看出，两个摆的摆速明显不同。因此，我们能据此推断出，学生应该能够得出"摆速与摆锤重量有关"这个错误的结论。

为什么会出现这个奇怪的现象？初看视频笔者很是恼火，认为学生一直在毫无目的地改变配重，没有任何思维；但在经过"播放—暂停—再播放—再暂停"几十个来回后，笔者改变了看法，视频中的一些细节还是值得我们进一步挖掘，以便更好地分析学生的思维轨迹，为更好地促进教学提供依据。

笔者把这7分钟的视频分为三个阶段。

一、盲目阶段，浅层思维

学生做好了两个摆，刚试了一次，老师提示桌上的所有材料都可以用，于是学生七手八脚往两个药盒里分别放入橡皮泥，配重并没有任何比较，而是你放你的、我放我的；封药盒口也是各封各的，尤其是右边的女孩，还将线绳缠绕了两圈，这样摆线的长短不一样了。此阶段学生研究的目的并不明确，实验操作不规范，没有考虑控制变量，思维浅层。

二、尝试阶段，理性思维

2分53秒右侧女孩与男孩比较了两个橡皮泥的大小，为了让实验效果更明显，他们给大一些的又加了橡皮泥，让摆锤更重（视频），通过实验，学生初步得出"摆锤重摆动快"的结论。此阶段，学生得出的结论虽然有悖于科学结论，而且依然没有控制好变量（摆线长短依然不同），但从他们比较橡皮泥大小的细节，说明学生已经能够控制单一变量，而且此时学生操作的时间较前有了明显缩短，相互讨论的时间明显变长。说明他们的思维正逐步深入，且向着理性思维的方向发展。

也许有人会问，思维深入了、理性了，为什么还得出错误的结论？也许我们这些科学老师认为这个结论很简单，但它真的简单吗？就这个问题，我在几天前曾经做过一个调查，对象为10名成人（包括9名非科学教师，其中3名是研究生学历），调查结果是7人认为摆锤重摆动快，2人认为摆锤轻摆动快，只有1

人认为与摆锤轻重无关，而且这个唯一有正确认识的是学校教学领导，正好听过这节科学课。这个结论简单吗？不，很不简单。

为什么有这么多高学历的成人出现错误？因为这些错误结论源于他们对自然现象的直接观察和总结太过感性，思维只停留在经验认识层次；我们进行的科学教学，就是要引导学生对感性素材进行加工和处理，用更加理性的思维展开分析和研究，这样才能从经验认识层次上升到理性认识层次。

三、解决问题（证明）阶段，逆向思维

亚里士多德的自由落体观点是物体越重下落越快，大家都知道这是错误的，证明这个错误的科学家是伽利略。他用什么方法证明的呢？——反证法。先认为某种观点是正确的，然后由此延伸出去得出自相矛盾的结论，进而确认原先观点的错误，这是反证法。牛顿曾经说过："反证法是数学家最精当的武器之一"。

学生虽然得出了"摆锤重，摆动快"的结论，但他们并没有停止思维，而是突发奇想——交换配重会怎样呢，于是在5分24秒时，学生将两个药盒里的配重进行了调换，并且为了让现象更加明显，学生让那个轻一些的更轻（视频中学生的原话"这个搁少点"）。无意识中运用了"反证法"这一论证方法，实验后学生发现居然还是外侧的快，这与学生先前的认知产生了矛盾。难道是自己数错了，这是学生的第一感觉。科学不能停留在定性描述层面上，确定性或精确性是科学的显著特征之一。于是学生想要得到更加准确的数据，就采用了分组计数的量化方式，当然结果还是一样。怎么回事呢？为了解决这个问题，学生的思维更加活跃，采取的办法是让重的更重，让差异再大一些，请注意，此时学生只是改变了里侧摆的配重，并没有动外侧的摆，说明学生的目的已经很明确了。

很遗憾，此时教师拍手示意实验结束，学生也只能停手。相信，如果再给学生一些时间，他们一定会接着改变配重，但在无论怎样增加配重后都会发现外侧的摆总是快一些。在一次次矛盾冲突中，学生会最终确认原先观点"摆锤重摆动快"是错误的，但比得到正确结论更可贵的是，学生感受到知识背后的方法和思想。

【教学设计一】《测力计的使用》

一、教学目标

1.通过自学，掌握力的单位，知道测力计的基本结构、测力计使用的基本步骤，会独立测量量程内的物体的重力，小组合作完成测量量程外的物体的重力。

2.能运用学过的方法、操作程序、方式等解决新的问题。

3.在合作完成较难任务的过程中，尝试运用多种方法完成任务，体会解决问题的快乐。

二、教学重难点

教学重点：能够关注测力计使用时的注意事项；能够小组合作完成测量量程外的物体的重力。

教学难点：能够通过小组合作完成用测力计测量超过量程的一块石头的重力的任务。

三、材料准备

测力计（量程范围0—1牛，每组两个）、铁架台、曲别针、大小不一的碎石子（总重量120—180g）、大块石头（重量120—180g）、塑料袋。

四、教学过程

（一）复习回顾

1.示题：在日常生活中，我们需要用力把物体提起来，物体重就需要大一些的力，物体轻用小一点的力就可以了。那实验室中怎样测量提起某些物体需要多大的力呢？这就需要一种专门测量力的工具——测力计，我们今天就用测力计来测量力。

2.方法回顾

（1）测力计的结构：测力计由哪些部分组成呢？（随着学生的汇报，师将演示测力计贴在黑板上并标出各部分名称。）

（2）测力计使用方法：学生边回忆使用要点，边观察测力计。

①检查测力计的指针是否指零。

②观察测力计的最大量程。

③观察测力计的分度值,计算出每一个小格为0.02牛。

④怎样读数:视线与指针相平。

(3)难点提示:怎样做才能不超过测力计的最大量程?

3.练习巩固:使用测力计测量量程内的物体的重力。小组内四人分别测量读数,交流纠错。

【设计意图】在短时间内回顾测力计的使用方法,在难点处细致指导,为下面完成挑战任务、解决问题做好铺垫。

(二)挑战提高

1.挑战第一关:测量提起一个曲别针用的力。

(1)测量发现问题:曲别针太轻,测不出数值,结果为0。

(2)尝试解决问题:测量10个(或多个)曲别针,用数值除以个数,便得出提起一个曲别针所用的力。

(3)交流反馈:你遇到什么问题?是如何解决的?

(4)小结板书:测量很轻且规格统一的物体时,可以先测量多个,再求平均数。

全班交流课堂实录:

老师:你们碰到什么问题了?想了什么办法来解决问题?

学生:我们挂上一个曲别针的时候,发现指针只能指向0牛。我就想,如果多挂几个可能就有读数了,挂上10个,然后除以10,就行了。

老师:别的组呢?你们是怎样解决这个问题的?

学生:我们组挂了8个。正好是一个小格,0.02牛,我们再用0.02牛除以8个就行了。

学生:我们组先挂了一个,发现不行。挂了10个,还是不好算。又挂了20个。20个是0.05牛,除以20,发现一个是0.0025牛。

老师:各组虽然挂的数量不一样,但是你们的方法都一样。当测量过轻且规格大致相同的物体时,我们可以尝试先测量多个,然后取平均数的方法。

2.挑战第二关：测量提起一袋石子的力。

（1）测量发现问题：石子太重，超过测力计的最大量程。

（2）尝试解决问题：将石子分成两份或多份，分别测量，再求和。

（3）交流反馈：遇到什么问题？如何解决？

（4）小结板书：物体过重，可以将物体分成几份分别测量，再求和。

全班交流课堂实录：

师：哪组同学测出来了，想说一说？你们遇到了什么问题？是怎样解决的？

生：我们先是直接称了下，结果发现超过了1牛，然后呢，我们就想一个一个地称一下，最后称完相加是1.22牛。

师：那你们真的是一个一个称的吗？

生：一开始是先称一个大的，最后再把一些小的一起称。

师：然后求和是吗？

生：是。

师：好，他们的方法先是一个一个地称，到最后太小了就都放一袋里。其他组呢？来，你们组来说说。

生：我们组也发现超过量程了，我们就打算，称三块比较大的石头，再测其他小石头，然后把它们加在一起，是1.44牛。

师：嗯，好，也就是说他们组啊没一个一个地测，而是把其中三个比较大的拿出来先测，然后再去量剩下那些小的，最后求和。

生：我们这里一共有十几块石头，其中有一块是最大的，我们就把它单拿了出来，然后拿几个稍微小一点的石头放在一起，然后再拿几个中等的石头，所以我们保证每一次都不超过最大量程。

师：（小结并板书）遇到的问题是石子过重，超过了测力计的最大量程。解决的办法是将石子分成了两份或者多份，分别测量，然后求和。

【评析】 第一个组在想办法分步测量时，最初只是想到一个一个石块进行测量，当测量两个后才发现一个石块的重量远远没有达到量程范围，最后才大胆选择一次多块进行测量，提高效率；第二组在分步测量时是有计划的，他们把三个大的挑出来单独测量,小的放在一起测量,因为他们觉得这样就不会超过量程了,先计划再行动;第三组也是先计划好再行动,把石子按照大小分成三份,并判断每一份都不会超量程,最后发现和自己预判的一样,从而顺利地完成了任务。

3.挑战第三关:测量提起一块石子的力。

(1) 测量发现问题:石头太重,超过测力计的最大量程。

(2) 尝试解决问题:用两个测力计水平方向分挂塑料袋的一侧,再将两个测力计的数值求和。

(3) 交流反馈:遇到什么问题?如何解决?

(4) 小结板书:物体过重,可以用多个测力计测量,再求和。

全班交流课堂实录:

师:我发现早有一组同学已经按捺不住了,请你们组来分析一下你们的研究成果。

生:我们一开始测,发现已经超过1牛了,然后我们用两个测力计,把塑料袋打开,这样左边的挂左边的测力计上,右边的挂右边的测力计上,这样把两个的和加起来就行了。但我们又担心这样可能有点不准。如果情况可以的话,把石头一劈两半,分开测就知道准不准了。

师:你觉得一劈两半分开测更准是吗?

生:点头。

师:能一劈两半吗?

生:摇头,不能。

师:怎样知道这种方法到底准确不准确呢?

生:在第二关的时候,我们也试了这个方法。

师:在闯第二关的时候你们就想到这个方法是吗?

生(一组学生):对,点头。

师:要想知道提起一块石头用多大的力,同学们想到了用两个测力计来共同测量的方法,但这种方法到底准不准确呢?我们又应该怎样做呢?

生:可以用两种不同的方法来测量第二关的碎石子,看看数值是不是一样,如果数值一样就说明这个方法是可以的。

师：面向全体学生。这个方法可行吗？

生：点头。

师：那我们就试一试。

生：用两种方法测量提起一袋石子用的力，然后比较两种方法的数值，判定第三关的方法是否正确。

师：你们组刚才这样测用了多少力？

生：1.38牛的力。

师：用这个方法呢？（两个测力计同时并用的方法）

生：1.36牛。

师：那么（两个测力计同时并用）到底行不行。

生：（并不太坚定）行。

师：看来同学们并不肯定啊，那老师这里给准备了一个量程是2.5牛的测力计，我们用这个测一测，验证一下（将石头挂在挂钩上）。请一名学生上前来读数。

生：上前读数，但稍有迟疑。

师：一个大格是0.5，0.5之间十个小格，那一个小格是多少？

生：一个小格0.05，在1.35和1.4中间。

师：是多少？

生：1.37、1.38。

师：那你们用两个测力计共同测量的方法行不行呢。

生：异口同声，行！

【评析】学生想到了解决问题的方法，但这种方法行不行，准确不准确呢？学生的心里是没底的。老师并不告诉学生方法的可行性，而是让学生自己想办法。虽然一整块石头不能一劈为二，但挑战二里的石子是可以分份的，学生能够借助挑战二的材料，用两种不同的方法测量并做对比，但由于有少许误差，学生们并不笃定。于是老师又提供了大量程的测力计，再次验证，这次学生们信服了，也为自己能够找到这样巧妙且正确的解决办法感到自豪。

（三）总结：说说你有什么收获？

五、板书设计

测力计的使用

挑战活动	解决方法
一个曲别针	测量多个，取平均数
一袋小石头	分次测量，求和
一大块石头	两个测力计测量，求和

附：实验记录单

勇闯第一关：提起一个曲别针用的力

我们发现的问题：_____

我们这样解决问题：（请组织好语言，不用写文字）

提起一个曲别针用力_____牛。

勇闯第二关：提起一袋石子用的力

我们发现的问题：_____

我们这样解决问题：（请组织好语言，不用写文字）

提起一袋石子用力_____牛。

勇闯第三关：提起一块石头用的力

我们发现的问题：_____

我们这样解决问题：（请组织好语言，不用写文字）

提起一块石头用力_____牛。

【教学设计二】《遗传的痕迹》

一、教学目标

1.在动物分类过程中，体会同物种间存在共同特征，不同物种间也存在相同或不同特征。

2.通过分析动物的共同特征与遗传的关系，培养学生的逻辑推理能力。

3.了解一些基因工程，培养学生学习科学的兴趣。

二、教学重难点

教学重点：

1.在学生对动物进行分类时，引导学生总结出犬类动物的共同特征。

2.了解遗传与变异带来的物种多样性。

教学难点：在分析物种间共同特征的过程中，让学生体会到动物们具有共同的遗传物质。

三、材料准备

课件，背景资料。

四、教学过程

（一）导入

教师出示20张图片并提问：图片上分别是什么？

学生观察图片，回答：1块岩石、1株植物、2只鸟、2只蜥蜴、1头熊、1只猫、1匹狼、1只狐狸、9条狗。

【设计意图】使学生熟悉动物，导入教学。

（二）给动物分类

1.提问：如果让你先去掉一张与其他图片内容差异最大的图片，你先去掉哪张？

讨论，回答。预设：岩石。剩下的有生命

追问：那剩下的东西与它相比有什么不同？

小结板书：生命

2.如果让你再去掉一张呢？

预设：植物。剩下的都是动物。

追问：剩下的与它相比有什么不同？

小结板书：动物

085

3.如果再去掉两个呢?

预设:鸟类,剩下的都是陆地生物,没有翅膀和羽毛。

追问:剩下的有什么不同?

小结板书:陆生,无羽毛和翅膀

4.再去掉两个呢?

预设:蜥蜴,爬行,卵生,冷血。

追问:剩下的有什么区别?

小结板书:立行,胎生,哺乳,温血

5.再去掉一个呢?

预设:熊或猫。体型过大或过小

追问:剩下的有什么区别?

小结板书:体型中等,爪钝

6.再去掉两个呢?

预设:狐狸和狼。体型过大或过小,吻是否前突,爪是否退化,耳和尾的区别。

追问:剩下的有什么区别?

小结板书:尾短,爪和牙退化,四肢稍短,较通人性

提问思考:1.剩下的动物都是什么?2.黑板上所呈现的特征是不是基本上就是犬类的基本特征?3.当这些狗狗繁衍出下一代时,这些特征会轻易改变吗?

听教师总结,学习遗传的初步概念。

总结:像这样能够由上一代传递给下一代的稳定特征,叫作遗传。(板书:遗传)这些相同的特征,是它们体内的遗传物质决定的(板书:物质)。遗传物质,决定动物特征。(板书)

如果两种动物中相同的遗传物质越多,那么它们的共同特征就多。

【设计意图】通过对动物的分类,观察动物特征,总结犬类共同特征。

(三)同物种间有不同特征,不同物种间有相同特征

1.出示PPT。

我们发现,越向下分类,剩下的动物具备的共同特征就越多,说明它们体内共同的遗传物质就越多。

2.提问：剩下的这些动物，虽然都是犬类，但它们的特征完全相同吗？有什么不同？

说出犬类动物间不同的特征。

总结：同一物种，也存在差异。

3.提问：通过观察，犬类和狐狸有没有相同点？犬类和鸟类有没有相同点？它们与之前的动物有没有相同点？

刚才我们说，由上一代传递给下一代的稳定特征叫什么？是什么决定的？

预设：遗传物质。

这些动物之间都有一些相同的稳定特征，那它们之间有没有相同的遗传物质呢？

预设：有或没有。

那么它们之间可不可能来自于同一个祖先呢？

【设计意图】学习同物种及不同物种间的差异和共同点；引发学生思考物种的起源。

（四）介绍返祖现象与基因工程。

在思考这个问题之前，我们先来看一个发生在生物体中的自然现象。

1.出示PPT：返祖现象。

请同学阅读。（阅读资料见附件1）

教师讲解。

2.现在我来为大家介绍一种动物。

出示：鸡的图片。

出示鸡肉图片。去掉羽毛，你想到了什么？学生回答。

出示鸡骨架图片。现在好一点了吗？还会联想到食物吗？

出示改造后图片。出示效果图。最后出示终图。

3.出示鸡和恐龙的喙部对比，讲述牙齿退化及基因消除的过程。然后讲解翅膀和尾巴的消除过程。最后得到恐龙原型。

4.介绍《侏罗纪公园》中发现恐龙的剧情后，讲解指数选择法和基因转殖法。

5.总结：关于恐龙再造的议题有很多，关于物种起源的猜想也有很多。每一次新的猜想和方法的实施，都让我们离事情的真相更进一步。保留住心中的那份好奇与执着，去探索，去追寻那些在地球上消失的足迹，直到找到所有问题的答案。这，就是科学精神。

【设计意图】激发学生继续探索的欲望，培养科学探究的精神。

五、板书设计

```
                     犬类共同特征

    有生命
    动物
    没有翅膀、羽毛              遗传物质决定共同特征
    不是爬行、胎生
    前4趾后5趾
    体型中等
    夜视能力差
```

六、教学反思

遗传概念的发展是一个连续变化的过程，随着学生年龄的增长和所学知识的递进，在不同的阶段有不同的要求。而本阶段的学习，旨在使学生形成地球上存在各种各样的动物和植物，同种动、植物，包括人有很多相似之处，也存在不同；不同种动、植物，包括人之间有很多不同的科学观念。在教学设计过程中，我们应当明确分类依据，厘清学生思路；认识遗传联系性，激发继续探究兴趣。从而清晰地构建出遗传概念。

"同种动物之间具有许多的相同点和不同点，不同动物之间有很多不同点"这一概念，在三年级时学生已经接触到，但以往的教学设计只是通过比较的方式让学生接收了这一知识点，并未使学生的逻辑推理能力得到提升。本课通过带领学生演绎推理过程，并将学生思路归纳与总结，为学生选择相同或不同点提供了证据，使学生的逻辑推理能力得到提升。并且从学生感兴趣的话题入手，让学生了解一些前沿的科技，为学生日后学习和培养兴趣打下基础。

我们根据儿童的特点，对教学进行了设计：

为学生呈现出了一些图片，学生根据图片间的差异性从小到大，依次去除。

帮助学生找出不同动物的不同,与相同动物的相似性。

比如,与其他图片相比,石头没有生命,会被最先去除。植物与动物不同,植物随后会被去掉。然后根据相似性,依此去掉相应的图片。剩下的图片越来越少。每次去除图片的理由既是不同动物间的不同点,也是剩下动物的相同点。当图片只剩下一种动物时,相同点越来越多。这样类似生物分类的方法,便于学生将来弄清不同类群之间的亲缘关系和进化关系。

而此时再对剩下的动物进行横向对比,虽然都是犬,但是它们之间还是有许多的不同。之后我们将学生的分类依据和所选动物制成表格,让学生清楚认识到相同动物之间的相似之处和不同动物之间的不同之处。再横向对比犬类之间的异同,让学生明确相同动物之间也存在着不同之处。对之前的划分过程进行回顾,帮助学生们厘清思路,为他们在今后面对类似问题时提供思考的方向。

由于考虑到遗传框架间各段各知识点间的连续性,根据之前的表格,师生共同讨论并提出动物之间有共同的特征之后,进一步启发学生将这些共同特征作为证据,证明它们之间有共同的遗传物质;共同的特征越多,共同的遗传物质就越多。为学生今后学习基因的相关知识、系统认识遗传做好铺垫。

从培养学生自主探究遗传知识的角度考虑,对实施的形式进行了更改,不再是让学生口述依据,而是提供资料,让学生自己搜索证据去支持自己的观点。这样的设计更能激活学生的探究行为,在教师适当的引导下,让学生自己研究,最终清晰彻底地认识此概念点的内容,更具合理性。让学生从听得入迷,到做得过瘾。

遗憾的是后续的活动我没有机会参与,没有看到学生探究的过程。但从最终后测的数据上看,学生的整体能力和水平都有显著的提高,(插入后测数据与结论)证明此节干预课程的内容和手段是成功的。

本概念点的干预设计过程中,最初涉及了基因、返祖、进化,这明显超越进阶设置。但实际教学中却更吸引学生,激发了他们的兴趣,值得继续研究。是吸引调动了少数?还是大多数学生都被吸引?有待评测。进阶的框架设定整体稳定的同时,也为我们留有动态调整的空间余地。每一次研究,也是我们对于概念、教学的一次进阶。

附：返祖现象是指有的生物体偶然出现了祖先的某些性状的遗传现象。返祖现象是一种不太常见的生物"退化"现象。众所周知，家养的鸡、鸭、鹅经过人类的长期驯化培养，早已失去了飞行能力。但在家养的鸡、鸭、鹅群中，有时会出现一只飞行能力特别强的鸡、鸭、鹅，这只鸡、鸭、鹅就是由于在其身上出现了返祖现象，使其飞行能力得到了恢复。此外，长有"脚"的蛇，尾鳍旁长有小鳍的海豚也是动物返祖的例证。

第五章　如何在小学科学课堂上培养学生的倾听习惯

新课标实施以来，我们欣喜地发现，教师们都非常注重让学生大胆发表自己的见解，展示自我，这正是新课程的理念。但同时我们也认识到，在活跃的课堂里，学生光有表达是不够的，如何倾听别人的意见也是一种重要的学习技能。人民教育出版社科研部副主任任长松曾总结了探究式学习的18条原则，其中第12条就明确指出："在探究过程中要强调学生之间的交流，交流的基础是相互倾听。要学会准确地与他人交流，向别人解释自己的想法，倾听别人的想法，善待批评以审视自己的观点，获得更正确的认识，学会相互接纳、分享、互助等。"学生在课堂上能认真倾听，倾听教师讲课，倾听同伴发言，才能积极地有意义地参与教学活动过程，才能保证课堂活动有效地进行，做到活跃而不失有序。这样看来，学会倾听是培养学生科学素养极其重要的任务，只有让学生学会倾听，才能更好地发挥新课程的作用，让学生在轻松、和谐、民主的气氛中愉快地学习。

一、现状分析

在实际的课堂中是什么情况呢？让我们来看看下面的情景。

情景一：教师讲课时

教师在前面费力地讲着，再看看下面的学生，有的左顾右盼，寻机讲话；有的随便插嘴，任意打断教师讲课；更有甚者早已按捺不住，几个小脑袋凑在一起窃窃私语，且声音越来越高，大有压过教师之势……

分析：学生听讲习惯差，思想开小差，注意力不集中，更有一些学生扰乱课堂。张扬个性不代表可以肆意插嘴，民主平等也不代表可以无视纪律。

情景二：小组讨论时

教室里人声嘈杂，课堂一片嗡嗡之声。有的小组处于"无政府状态"，你一言我一语，每个人都在张嘴，每个人都滔滔不绝，抢着提高嗓门盖过别人的声音，谁也听不清谁在说什么；有的小组将"教师讲，学生听"翻版为"好生讲，差生听"，一人唱独角戏，其他人则心不在焉地做自己的事；有的小组意见不一致，但学生却不是以自己的理由去说服别人，而是成"顶牛"之势，争吵不休……

分析：科学课通常进行以小组为单位的讨论，旨在培养学生的合作精神，给更多的学生以更多的参与机会。而上面的小组交流，表面上热热闹闹，但在热闹背后却是放任、随意、低效。交流只是一个表述的过程，而缺少倾听的过程，使交流效果大打折扣。

情景三：回答问题时

学生争着抢着表达自己的想法，课堂气氛很活跃，但仔细一听，却是你说你的，我说我的。有的在别人发表意见时，手还举得老高，跃跃欲试地想表达自己的观点，站起来却不知道要说什么；有的尽管教师一再强调还有什么不同看法，却还一次次重复别人早已说过的答案……

分析：学生只重视自己的表达，忽视甚至不会倾听别人的意见，无法与其他人交流、沟通，这样往往失去更多深入探究的机会，同时也剥夺了其他人思考、回答的权利。

这些现象是如何造成的呢？笔者认为有以下原因。

首先，教师对倾听的关注不够，没有或很少对学生进行长期有效的培养，这是最主要原因。课程改革以来，教师对学生的倾听有所注意，但并不是将其放在重要的位置上，在平时上课过程中，关注的仍是有多少学生举手了，有多少学生回答对问题了，经意和不经意间总会重复学生的发言，尤其是重复刚好符合自己要求的发言。长此以往，学生的倾听能力自然得不到培养。

其次，科学课总是处于科任课的位置，不被人重视，这也是一个重要原因。在应试教育影响下，家长和学生甚至很多教师对科学课不予重视，认为科学课不是主科，没有考查的压力，学与不学、学好与学不好都无所谓。且科学教师不是班主任，一周只有两节课时间接触学生，怎能有效地管理学生的纪律？

二、培养策略

学生课堂上的倾听，不外乎有两种：一是倾听教师讲课，一是倾听同伴发言（包括全班性交流和小组内讨论）。如何才能培养学生这两方面的倾听习惯呢？

（一）让学生倾听教师讲课

内容丰富多彩又有变化的课堂容易引起学生持久的注意，相反，贫乏单调又一成不变的课堂会迅速降低学生的注意力。要想从根本上改善学生的听课状态，提高课堂的质量，需要教师采用有效的方法组织教学，使学生产生强烈的求知欲和高涨的学习热情，让学生主动地、自愿地、发自内心地汲取知识。要做到这一点，教师只有严格要求自己，提升自己的素质，用自己声情并茂的语言，精彩的提问，巧妙的设计，充满激情的评价去吸引学生的眼球和身心，那学生还有时间去聊天吗，去走神吗？

1.教学内容生活化

传统的科学教学观念认为，教学内容就是课本上罗列的内容，教师就是将这些内容教授给学生。其实教材的编写由于客观和主观的原因，难以使教学内容符合各地的生活实际，这种地域的差异，风情的差异，生活的差异是难以避免的，这就需要教师创造地使用教材，优化教学内容，使之更具生活化。这就要求教师在备课时不仅要备教材，更重要的是要备学生——什么是贴近学生生活的？什么是学生最感兴趣的？结合当地的实际情况，选择和设计以学生的生活实践为基础的、学生感兴趣的内容，适当补充、延伸、综合富于探究的内容，使之适于学生科学素养的培养。

2.教学过程活动化

《科学课程标准》中指出："用丰富多彩的亲历活动充实教学过程，这些活动应该是学生熟悉的、能直接引起他们学习兴趣的、精心选择和设计的、具有典型科学教育意义的。通过这些活动的教学，让学生亲身体验科学发现、科学探究、科学创造的过程。"教师要根据教学目标、内容、资源的不同，结合学生的年龄特征和经验背景，为学生创设丰富多彩的、形式多样的活动机会，调动学生多种感官，组织学生参加如观察、实验、科学游戏、科学幻想、设计与制作等活动,使学生亲身体验,尝试错误体验成功,加深对知识的理解和运用,以此来培养学生的实际操作能力,并发展个性特长。

3.教学情境趣味化

如果一节课没有好的开头,必然使学生感到平淡无奇,兴趣索然;如果整节课都平淡如白开水,必然使学生产生厌烦心理。相反如果学生对开头发生兴趣,就会有继续听下去的强烈愿望;如果整节课高潮迭起,跌宕起伏,定会使学生觉得其乐无穷。如何才能达到这种效果呢?当然是创设生动有趣的教学情境,让学生发现科学课是一门有趣的学科,感到学习是一种需要而不是负担,并在愉悦中获取知识。例如《热空气》一课,上课伊始,教师"啪!"一拍板擦:"今天听我说一段三——国——演——义。"学生的兴趣一下子都被教师吸引过来。教师煞有介事地模仿单田芳说道:"话说诸葛亮带领蜀军驻扎在祁连山一带,与曹操的军队对峙。这祁连山呀,是山势起伏,巍峨壮观,这就给传递信号带来困难。这一日,诸葛亮坐在大帐之中,是愁眉不展呢!忽然,他看到桌上点燃的香,只见那烟袅袅上升,他心头一亮……""啪!"教师又一拍板擦"要知后事如何,上好这节课再说。"学生一阵哈哈大笑。这样的情境设计怎能不吸引学生呢?

4.教学氛围轻松化

每位教师对自己的学生都有过高的期盼:希望每个孩子在课堂上都有一双专注的眼神,洗耳恭听的架势,但常常事与愿违,学生常有令你不满意的表现,如果你立刻变得严肃起来,课堂气氛随之也变得紧张起来。将心比心,如果是你,你能始终如一的让自己满意吗?更何况他们还只是十来岁的孩子。此时,教师一个夸张的动作,一句幽默的语言,或一个风趣的神情,或许能迅速调节沉闷的气氛,更能引起学生的无意识的关注。相对古板、严肃的教师,学生们更欣赏诙谐、幽默而风趣的教师。

5.教学语言艺术化

语言是教与学间产生共鸣的主要"媒介",富于感情的语言,能激起学生的情感呼应;推理严密的语言,能使学生感受到语言的力量;生动幽默的语言,则如"润滑剂"能调动学生的情绪;朴实的语言不仅通俗易懂,使学生听得明白,而且给学生一种真实感,有助于激发和感染他们的学习兴趣,从而达到

"亲其师"而"信其道"的效果。因此，把深奥的语言简化成学生容易听懂的语言，尽可能把课讲得实实在在，讲得新鲜活泼，再凭借自己的语言感染力去吸引学生。这样，学生就不至于觉得这堂课枯燥无味而不愿意参与进来。

让我们做一名富有魅力的教师吧，这样我们的课堂才会更精彩，学生才会乐而忘返！

（二）让学生倾听同伴发言

1.让学生明白倾听的重要性

由于学生年龄小、心理发育不成熟，要让学生明白倾听的重要性，我们不能靠硬性灌输，应在和谐的气氛中渗透，通过举例让学生了解，让学生脑中有一种"倾听是重要的"表象。如给学生讲这样的小故事："一个小孙子问爷爷：为什么人有两只耳朵，却只有一张嘴巴呢？爷爷告诉小孙子：这是让人多倾听，少说话呀。"故事很短，却用寥寥数语，形象而深刻地说明了"听"对人来说，是非常重要的。告诉孩子，倾听是最好的学习方法之一，这里有别人的经验和教训，有别人的思考和分析。会倾听的人，他在人生的道路上会走捷径，减少弯路；一个懂得与人分享，不妒忌别人成绩的人，他会生活得更加快乐和幸福，人格方面更加健全，事业上更容易取得成功。当然，要让学生理解倾听的重要性，不是一两句话就能明白，要靠我们教师耐心地引导，利用平时一切可利用的时机，让学生从体验中领悟倾听的重要性。

2.耐心倾听孩子的心语

回忆一下我们所熟知的课堂情形：教师有权利要求学生对他的话语认真倾听，但又有多少教师能够要求自己认真倾听学生的发言，特别是当学生的发言与自己的意见相悖时，能够耐心地倾听学生陈述自己的意见和理由呢？正是因为有了教师这样的无意"示范"，才有学生那样的不经意"模仿"，作为教师，我们有着不可推卸的责任。当学生兴奋地把新发现告诉你时，你应该认真地欣赏，并鼓励他更出色地讲述；当学生说了半天也没说到正题时，你也要耐心听完，并用眼神告诉他你在认真倾听；当学生受了委屈向你倾诉时，你不要不耐烦，要让他宣泄，让他感到教师重视他。要改变学生不会倾听的现状，关键还在于教师为学生提供既表达自己也倾听他人的双向沟通的示范，以自身良好的倾听行为潜移默化到学生的行为中。

3.细节之处见真功

（1）在教师语言上下功夫

"我们来听听他的想法，看与你自己的想法是否一样。"倾听之前先讲清要求，明确任务，促使学生全身心地投入倾听任务中。

"你能重复一遍他说的话吗？""你明白他说的意思吗？""你能用自己的话说说他刚才说的意思吗？"让学生转述概括别人的发言，可促使学生边听边想，思考别人说话的意思，记住别人讲话的要点，逐步培养倾听习惯。

"你同意他的看法吗？""你对他的想法有建议吗？""你有新的发现吗？"这样可以促使学生认真听清别人的发言，吸收别人的优点，明确别人的不足，逐步学会抓住别人发言的精髓，达到真正理解的程度，从中得到启发，触类旁通。

（2）在学生语言上下功夫

巧妙地对学生发言做一些规定：如果认为前一个同学说得不完全，需要再充实，则说："我给他补充""我同意他的观点，但不同意他的理由，我认为……"；如果认为前一个学生说得没有道理，则说："我不同意他的看法，我认为……"这看似很简单的几句话，其实有着深刻的内涵：只有在认真倾听了别人的发言之后，才能有这样的"补充"或"看法"，说明学生在倾听，更说明他在倾听的同时筛选了同伴的发言，并且融进了自己的观点，这样在学生的心里就会慢慢埋下倾听的种子。

（3）解决"学生回答问题面向谁"的问题

关于这个问题，特级教师章鼎儿有自己的看法：为什么不让学生面向学生，让他们也像教师一样直接面对同伴回答问题，讲述理由？其实，学生的回答并不只是对教师而言，更重要的是面向全体学生，使别的学生有机会就你的解释提出疑问，引发新的问题，或者就相同的问题提出不同的解释，让大家都获得提高。因此，课堂上要改变长久以来学生面对教师回答问题的做法，而应像章老师那样"让学生身体转个方向"。

（4）解决"有了正确答案还是否需要继续"的问题

长久以来，教师总是喜欢学生能按照自己的思路回答问题，一遇到自己满意的答案就立刻给予肯定。这种做法极易使学生养成只倾听教师的习惯。因此，教师不要轻易对学生做出对与错的评价，要鼓励学生通过自己的讨论获得深刻的认识，使学生由倾听教师的意见向倾听别人的发言转变。

总之，培养学生的倾听能力，使学生养成良好的听课习惯会对自己的人生产生不可估量的作用，会对人的全面素养的提高起到巨大的推动作用。学会倾听，就学会了尊重别人，学会了真诚处事，学会了关心，也学会了与他人合作。曾有这么一句名言："播下一种行为，收获一种习惯；播下一种习惯，收获一种性格；播下一种性格，收获一种命运。"可见，习惯的力量是巨大的。在平时的教学中，只要教师善于捕捉教育契机，适时引导，就能使学生逐步养成倾听教师讲解、倾听别人意见的良好习惯，使我们的课堂教学更优化、更精彩，使我们的学生真正成为学习的主人。

【教学设计一】《设计制作起重机模型》

一、教学目标

1.综合运用力学、形状、稳定性等方面知识，设计制作起重机，了解起重机的各部分组成及作用；在设计过程中了解简单结构设计应考虑的主要因素；在制作过程中体会工具的使用技巧，探寻使作品符合要求的有效方法。

2.通过设计制作起重机的活动，意识到要将所学的科学知识与实际问题相结合，提高动手操作能力及分析问题、解决问题的能力和创造能力。

3.通过设计制作起重机模型的过程，经历人类利用科学原理进行发明创造的过程。

二、教学重难点

教学重点：设计制作起重机模型。

教学难点：能够从多角度多侧面思考，运用不同方法解决制作中出现的各种问题。

三、材料准备

1.材料

重物：200克钩码若干；

底座：各种尺寸的木板；

支架：各种尺寸的木条；

起吊系统：结实的线绳、缝纫机金属轴、软硬适中的铁丝、线轴。

2.工具：羊角锤、螺丝刀、剪刀、铁钉、羊眼钉、手套、胶条、垫布。

3.紧急救助药品：创口贴、碘酒等。

四、教学过程

（一）明确发明需求

提出问题：一块小小的木板，我们可以轻松地拿、举、提起来，但如果是一块又大又重的楼板，我们还能利用人力移动它吗？

学生通过日常生活中的观察积累，提出可以使用起重机来帮忙。

当人力无法完成某些工作时，我们可以考虑利用机械来帮助完成，这个难题我们可以利用起重机来帮忙，今天我们就来学习制作起重机模型。

【设计意图】先让学生感受生活中利用人力无法完成复杂任务，然后直接提出本节课的任务要求：设计制作起重机。这样的设计开门见山、简单明了，不拖泥带水，为后面的活动争取了不少时间。

（二）组织活动

引导设计

（1）观察讨论：认识起重机结构

媒体出示各种各样的起重机，学生观察起重机，对起重机有一个初步的认识和了解，讨论起重机的结构（分为几部分），每部分各承担什么功能。

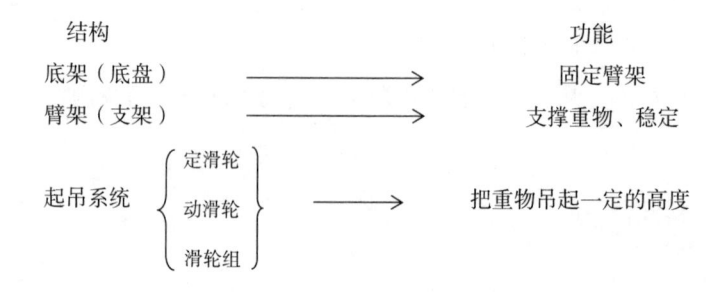

结构		功能
底架（底盘）	→	固定臂架
臂架（支架）	→	支撑重物、稳定
起吊系统 { 定滑轮, 动滑轮, 滑轮组 }	→	把重物吊起一定的高度

（2）提出作品要求

①底架结实稳固；

②臂架稳定、承重性强；

③起吊系统组装合理，线绳转动灵活，能将重物提高30厘米；

④作品美观、节省材料。

（3）设计草图

①知识铺垫：想一想，起重机中会包含着我们了解的哪些简单机械呢？定滑轮、动滑轮、滑轮组、轮轴各有什么作用呢？在设计起重机时能不能用上这些简单机械呢？

②设计制作一台简易起重机，还应该考虑哪些问题呢？

引导学生思考：如何使底架结实稳固，能够支撑起臂架；如何设计臂架，能够把重物提起一定的高度（≥30厘米），且具有一定的稳定性，能够支撑重物；如何组装简单机械，运用滑轮组等机械原理，省力方便地将重物吊起一定的高度……

③结合老师的提示，按照提出的要求，以小组为单位合作讨论并完成起重机的设计，画出草图。

（4）评价改进设计图

以组为单位向其他同学介绍本组的设计，在观察和交流的基础上，对他人的想法、草图等提出自己的意见和建议，并能取长补短，有针对性地对自己的设计进行改进。

【设计意图】工程技术的核心是设计，只有在充分设计的前提下才能有创新。但学生往往对动手操作有极大的兴趣，很容易忽视设计这一环节，在没有充分思考的情形下就盲目操作。所以教师在活动之初就引导学生思考一系列问题。针对这些问题，学生自然要开动脑筋，动用自己的全部思维，搞清楚其中的道理，避免了匆匆忙忙，草率从事。正是教师这种细致入微的指导，才潜移默化地向学生进行了"设计好了再做"的习惯培养，另外对于设计图的评价及再次修改也体现了"每一项设计都需要不断完善"的理念。

（三）组织制作

1.引导学生从以下方面进行制作前的思考

（1）思考所需材料及工具：学生根据设计，寻找合适的材料和工具，如选择符合设计尺寸的木板、木条、结实的线绳；考虑应用羊角锤、螺丝刀、剪刀、铁钉、羊眼钉等工具；思考如何用缝纫机金属轴及软硬适中的铁丝来制作挂钩……

（2）思考制作的步骤

①制作起重机的框架，包括底架、臂架等；

②安装定滑轮；

③安装动滑轮及连接线绳；

④安装拉动线绳的摇把。（此步骤为机动步骤，如果没有学生考虑到摇把问题，就将这个步骤放到第四课时评价延伸时再涉及。）

（3）思考组内人员如何分工。

（4）思考应该注意哪些安全问题。

操作时要戴手套；钉钉子时不能用手扶着钉子，而应该用钳子夹住钉子再用锤子砸；为了避免声音太大，将垫布垫在桌子上……

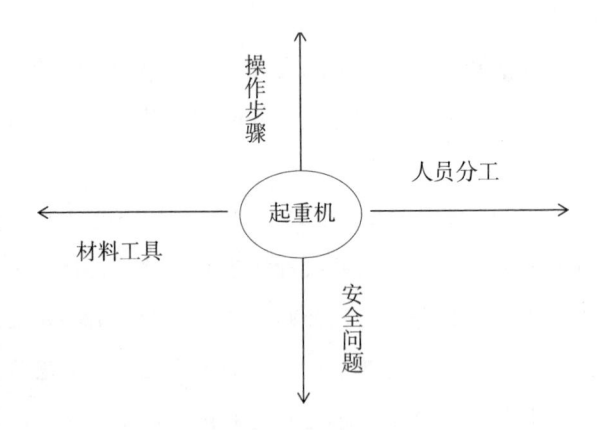

```
              操作
              步骤
               ↑
               │
   材料工具 ←──起重机──→ 人员分工
               │
               ↓
              安全
              问题
```

【设计意图】老师在学生制作之前提示学生要想好装配技法，培养学生做任何事都必须想好了再做的好习惯，改变那种做到哪里是哪里，做不好就拆掉的坏习惯，胸有成竹后再动手制作，避免盲目性。

2.以小组为单位展开制作，制作过程中发现设计中不完善的地方，及时修改设计方案。教师深入各组巡视，进行基本技法的讲解，发现问题及时纠正与探讨，做必要的指导。

说起来容易，做起来难。当学生按照设计选择了规格不同、长短不同的材料进行制作时才发现，不管是门字结构还是悬臂结构，都出现了支架、臂架不稳的现象，呆不住，怎么办？这时学生充分展现了其创新能力。有的组将木条钉在下部形成三角形固定；有的组将木条钉在两个支架的中间固定；更有创意的是不光底部有木板固定，还有上中下多个三角形达到稳定的目的。

解决了这一难题，滑轮组也安装好了，当他们欣喜地把钩码提到了30厘米高度的时候，都情不自禁地欢呼起来，但是喜悦的心情并没有持续多久，孩子们又发现新问题：当他们把钩码提起来之后，却发现重物不能在空中停留，一松手，重物就掉下去了。面对新的问题，学生的创新能力再一次被激发。有的组将线绳缠绕在悬臂上，有的组钉了钉子，这一组的办法最为有效：在轮轴一课的启发下安装了摇把。

在大家都以为大功告成之时，又出现了新的问题：有一组同学把自己的模型真的想象成现实生活中的起重机，当他们把大的楼板提上去之后，却发现不能将重物旋转送至预定地点。这怎么办呢？如果吊臂能旋转就好了。于是学生想出这能够360度旋转的吊臂。

3.展示评价

（1）以小组为单位进行作品展示，向其他同学介绍本组作品的功能、特色及创造性，也可介绍制作中遇到什么困难，是怎样克服的，整个制作过程中有什么收获、体会和感受等。

（2）教师和学生共同对操作过程和作品质量进行评价。

【设计意图】各组学生按照任务要求展示并调试自己组的作品，重点对作品的创新点进行评析，其他组同学和教师进行评价，对不明白的地方进行提问，汇报者解答。在各组充分交流的基础上，找出作品的闪光点，肯定成绩，同时也指出存在的问题。

（四）拓展延伸

1.梳理问题

学生交流制作的起重机还有哪些不尽如人意的地方，在今后的研究中需要加以改进：如何才能更为省力地吊起更重的物体；能否利用电动机等动力装置；能否设计制作出具有回转机构的起重机，以便能够完成升降、移动、旋转、爬升及伸缩等动作……

2.拓展延伸

修复起重机，提升起重效果。有条件和兴趣的同学可以进一步研究动力问题，如动力可以选装电动装置等。

【设计意图】明确今后需要改进的方向，使学生明白作品的成熟与成功，是一个逐步完善的过程。

五、教学反思

本课围绕"将科学原理物化成工具，体会发明过程"这一主题，开展了"设计制作起重机模型"工程技术类实践活动，意在工程技术类方面有所研究，并努力探索。

1.深研教材，处理教学内容，落实新课标理念

这一课并不是老师一拍脑袋就想出来的，而是经过深入钻研教材，深入学习新课标，分析教材中活动的优缺点，与新课标要求进行比较之后，对教材进行处理加工，做了适切性修改，以期能够更加符合新课标要求，落实新课标理念。

2.抓住重点，渗透发明方法，培养学生核心素养

学生的核心素养包括许多方面，不可能在一节课上都有所体现。所以本课对于学生核心素养的培养并没有面面俱到，而是仅仅抓住"创新能力"培养这一核心目标展开教学，从制作起重机这一个任务出发，在出现问题—解决问题—出现新问题—解决新问题的过程中，向学生渗透了"原型启发法""缺陷改进法""迁移组合法"等发明方法，学生发散思维得到培养，发明创造的能力得到提升。

当然，这节课也有许多不尽如人意的地方，需要我们后期加以改进。

在聚焦问题环节中，虽然学生明确了本课任务是设计制作起重机模型，但学生并没有在头脑中建立起对应的任务要求：设计制作能提起200克钩码的起重机模型。这时学生大脑还停留在提起类似于楼板这样的重物，并没有跟上老师的思路。这就需要教师在生活中的现实世界与实验室中的设计制作之间架起一座桥梁，设计一个在实验室中能够完成的、同时类似于生活中的真实情境。这样学生才能够明确任务要求，并在头脑中产生创作需求，设计与创造思维才能够被激发。因此，教师在这一环节应该创设一个情境：每组都有一个重物——200克的钩码，把它模拟成生活中不能用人力提上去的物体；任务：设计制作起重机模型，能够将200克钩码提到一定高度。加上这样的环节，学生的思维才能聚焦到本课的重点上，才能明确本节课的目标。

在认识起重机结构环节中，老师直接出示了各种起重机的图片，学生能够通过观察图片，较为轻松地认知起重机各部分构造及功能，可以帮助学生在短时间内拥有一定的知识。但仔细分析，学生获得的这种知识能够转化为学习力，并引导学生学会去重构与创造吗？答案显然是否定的。这样的设计培养出来的学生只能停留在模仿层面上，深度思维含量很低。因此，在这一环节之前应该增加一个问题：起重机应该具有什么样的构造，才能把重物提到一定高度？其实学生在日常生活中是见过起重机的，在他们头脑中有起重机的原型，这样学生在模仿的同时加入了自己对于任务解决的方法策略，思维自然比上面的设计更加深入，更加有效。

这节课材料很多，安全性等问题较为明显。如何才能使材料尽可能简单，安装方便，使用较少的工具等还需进一步改进。如教师能不能在活动前把立柱的两端打好孔，安装好预埋螺丝螺母帽，并把底座和横梁用电钻打好一些孔，让学生只用一把螺丝刀就可完成任务，这样就能大大减轻学生动手的压力，也更能充分发挥学生的想象力和创造力。

工程实践活动受到目前科学课堂教学的一些局限，会有许多问题出现。

时间的限制：本次活动耗时约1小时40分钟，平时的科学课堂很难能有两节课连排的机会，另外受到教学任务及考试压力的影响，时间上也难保障。

空间的限制：本次活动动手操作贯穿始终，需要较大的操作空间。目前多数学校的科学教室并没有这么大，也给开展这类活动带来影响。

教师资源的限制：本次活动由两名科学老师来完成，主要考虑的是操作活动难度很大，安全性等没有保障。但实际的科学课堂并不能提供这样优质的教师资源。

总之，这节课有不少闪光点，能够给科学教师提供工程实践类科学课的参考价值；也有不少值得商榷的问题，需要在今后的教学中继续研究，不断探索。

附1：实验记录单

设计制作起重机实验记录单

所需材料			
所需工具		设计注意问题	
设计图纸			

附2：学习效果评价

以作品要求为标准，通过自我、生生、师生多角度对学生的设计图纸、模型作品进行多元化评价。

评价项目	层次	标准	评价结果
底架结实稳固；臂架稳定、承重性强	层次1	能做到模型的稳定。	
	层次2	作品符合要求，且能认识到改变物体的结构可以增加稳定性。	
	层次3	认识材料形态和结构可以增大物体的功能，认识材料合理使用的重要性，并在作品中有所体现。	
起吊系统组装合理、线绳转动灵活，能将重物提高30厘米	层次1	基本符合要求，但提高高度或滑轮组组装小有问题。	
	层次2	符合要求。	
	层次3	符合要求，并有创新性。	
作品美观、节省材料	层次1	为了达到其他要求，使得作品耗材，且不太美观。	
	层次2	作品美观，但耗材。	
	层次3	作品美观，材料使用适当，认识材料合理使用的重要性。	

【教学设计二】《运动与静止》

一、教学目标

1.能举例说明物体的运动是相对于另一个物体的位置发生了变化,并知道把事先选作标准的物体叫作参照物,参照物可以用来确定某个物体是否运动。初步意识到运动和静止是相对的。

2.经历从朴素地描述运动到科学地描述运动的认知过程,并在活动过程中,能倾听其他同学的观点,能表述自己的研究结果。

3.体会从纷纭的现象中认识事物共同本质特征的思考问题的方法。

二、教学重难点

教学重点:选择参照物判断物体的运动状况。

教学难点:把正在"动"的物体作为参照物,判断物体的运动状况。

三、材料准备

PPT课件(包括图片、视频、Flash课件等)、学生记录单。

四、教学过程

(一)创设情境展示前概念

1.教师演示书在桌子上运动的课件并谈话:在一张课桌上放着一本书,书上有一块橡皮,旁边还放着一把尺子。如果推动书,让书在桌面上滑动,那么你认为这些物体什么是运动的?什么是静止的?为什么?

学生分组讨论,并请你填写记录单一。

预设1:运动的物体是书、橡皮;静止的物体是桌子、尺子。

因为书和橡皮在动,桌子和尺子没有动。

预设2:运动的物体是书;静止的物体是橡皮、桌子、尺子。因为书在动,橡皮、桌子和尺子没有动。

预设3:地球在自转和公转,所以地球上的物体都在运动着。

……

2.如果出现预设1、2的情况,则根据学生回答在黑板上书写板书。如果出现预设3的情况,则解释:自然界中的物体都在运动,但我们还常说某物体是静止的,主要是为了研究问题方便,如果都运动,我们也不容易为物体定位了。

3.教师提问:你还能举些生活中的例子来说明哪些物体是运动的?哪些物体是静止的?

预设:静止的如房屋、树木、黑板……

运动的如行使的汽车、飞出的足球、跑步的人……

4.教师谈话示题:科学上是如何定义运动和静止的呢?是不是像同学们想的这样,正在动的就是运动的,不动的就是静止的呢?那就让我们来研究研究运动和静止吧。(板书课题)

【设计意图】将学生前概念的调研作为教学活动的基础,挖掘出学生对"运动"概念的真实认知。

(二)分解细化建构概念

1.认识运动是"位置的变化"。

①教师演示课件并谈话:星期天,妈妈带着小红去科技馆参观。她们来到路边打车,正好有一辆出租车。正在这时,妈妈看见小红的鞋带开了,就提醒她系鞋带。等小红系完了鞋带,再一看出租车已经无影无踪了。同学们,你们说出租车开得快不快呀?

学生异口同声回答:快!

②教师提问:咦?你们看见出租车行驶了吗?那为什么说它开得真快呢?

预设:位置改变了。

③教师讲解:看来,判断一个物体是不是运动的,并不是看它是不是在动,而是看它的位置有没有变化。(板书:一个物体、位置)

【设计意图】选取生活中的真实场景,与学生先前认知产生矛盾冲突,学生的固有平衡被打破,进而通过思考认识到判断一个物体是否运动,要看它的位置有没有变化。

2.认识判断运动要找"标准物体",建构"参照物"概念。

①教师提问:小红和妈妈打到车,坐在车里,这车可真稳啊,简直感觉不到这车是行驶着还是停止了。同学们,你们有什么好办法能够知道车是行驶着

还是停止了吗?

预设：看看窗外的树木、房屋等。

②教师讲解：通过车窗外的树快速向后退，我们判断出车在行驶着。看来，判断一个物体是不是运动，要选择另一个物体来做标准才行。（板书：标准物体）

③教师讲解：我们把事先找到的作为标准的物体，科学上叫作参照物（板书：参照物取代标准物体）。参照物一般是预先假设的不动的物体。

【设计意图】通过生活中的常见现象，使较复杂的知识简单化，深入浅出，易于学生接受。学生认识到判断物体运动要找到标准物体，自然而然地建构了"参照物"的概念。

3.初步认识"参照物"选择的多样性。

①教师演示课件并提问：乘客是运动的还是静止的?

学生思考并判断。

②将学生分为左右两大组，示意左边三行同学趴在桌子上，向右边三行同学提问：假如你们是路边的同学，请你们判断，乘客是运动的还是静止的?

预设：右边三行同学判断乘客是运动的。因为乘客的位置发生了变化。

③教师示意右边三行同学趴在桌子上，向左边三行同学提问：假如你们是司机，请你们判断，乘客是运动的还是静止的?

预设：左边三行同学判断乘客是静止的。因为乘客的位置没有发生变化。

④教师故作神秘状提问：对于同一个乘客，你们却有两种不同的判断，是不是谁错了?请你们说说理由。

⑤教师讲解：看来，对于同一个物体，由于选择的参照物不同，得出的运动状况也不一样，以地面为参照物，乘客是运动的；以车厢为参照物，乘客是

静止的。

【设计意图】让学生以不同的方式感受运动与静止，在学生两种判断的矛盾中展开教学，引发冲突，激起学生学习的兴趣，活跃了课堂气氛。

4.扩大对参照物的认识，知道如何判断物体的运动状况。

①教师演示课件并提问：男同学是运动的还是静止的？

②同样将学生分为左右两大组，向一组提问：假如你们是女同学，请你们判断，男同学是运动的还是静止的？向另一组提问：假如你们是司机，请你们判断，男同学是运动的还是静止的？

预设：一组将地面作为参照物判断男同学是静止的；另一组将汽车作为参照物判断男同学是运动的。

③教师故作神秘状提问：对于同一个人，你们又有两种不同的判断，这次是不是谁错了？请你们说说理由。

④教师讲解：看来参照物的选择是多样的，不光我们以前认为不动的物体比如树木、山等可以作为参照物，而且以前我们认为动的物体比如行使的汽车也可以作为参照物。选择不同的参照物得出的物体运动情况也不一样。

⑤随着Flash演示，随着提问：什么是运动的？把什么当成参照物？

预设：以树木为参照物，汽车是运动的；以汽车为参照物，树木是运动的。

⑥教师小结：判断一个物体是运动的还是静止的，先要选择一个参照物，看这个物体与参照物的位置是否发生了变化，如果位置改变了，则说物体是运动的，如果位置没变，则说物体是静止的。

【设计意图】再一次在矛盾中展开教学，既强化了参照物的概念，又使学生认识到参照物的选择是多样的，而且选择不同的参照物，得到的运动情况也不一样。将科学概念分解细化，利用生活中的真实场景，一步步搭建脚手架，在不知不觉中建构了科学概念。

（三）举一反三，运用概念

1.找出歌曲中的科学知识

播放视频：《红星照我去战斗》

小小竹排江中游，巍巍青山两岸走。

竹排在运动，以青山为参照物。

青山在运动，以竹排为参照物。

《听妈妈讲那过去的事情》

月亮在白莲花般的云朵里穿行。

月亮在运动，以云朵为参照物。

【设计意图】以学生耳熟能详的歌曲作为练习题，既是对科学概念的有效补充和再次强化，又生动有趣。

2.判断所给场景中的运动现象

①教师提问：现在让我们回到刚上课时的问题，书、橡皮、尺子、桌子谁是运动的？谁是静止的？

学生小组讨论，填写记录单二。

②谈话：哪组同学愿意将你们的研究结果与同学们分享？

学生汇报。

③谈话：拿出你们先前填写的记录单一，与现在的记录单比较一下，恭喜你们，在通往科学顶峰的大路上，你们又前进了一大步。

学生对前后两张记录单进行比较，看到自己对"运动"这一概念认识上的进步。

【设计意图】同样的题目，前后呼应，学生的进步一目了然，既巩固了科学概念，又使学生有了强烈的成就感。

3.模拟飞的场景

①视频演示并提问：在拍电影时，是不是真的让演员在高空中飞呀？我们能不能在教室中拍出人在天上飞的效果呢？

预设：需要云向后飘的大屏幕。还要在大屏幕前做飞的动作。

②谈话：谁愿意到前面来表演一下？谁愿意当摄影师？

一位学生手拿玩具人在大屏幕前做飞状，另一位学生摄影。

③当场将学生拍摄的画面在电脑上展示。谈话：快来看看我们的作品吧。

④提问：玩具人在飞吗？那为什么我们能感觉到玩具人在飞？

预设：把屏幕中的山当参照物，玩具人在运动。

【设计意图】让学生自导自演飞的镜头，并当场在学生面前展示作品，充分发挥学生的想象力、创造力，给了学生提供了展现自我、张扬个性的舞台。

（四）拓展延伸

毛泽东主席有一句诗："坐地日行八万里，巡天遥看一千河"，这是什么意思呢，与我们今天所学的知识有什么关联呢？请同学们课下查阅有关资料，了解其中的科学道理。

【设计意图】将课堂作为研究的起点，让学生走出课堂依然有继续研究的欲望。

五、板书设计

运动与静止			
一个物体	参照物	位置	运动情况
乘客	地面	改变	运动
乘客	车厢	没变	静止

六、教学反思

1.分解细化科学概念，为形成科学概念搭建"脚手架"。

围绕重要的科学概念和模型组织教学是目前科学课所倡导的，在构建科学概念的过程中，教师要善于搭建脚手架，促进学生科学概念的形成。《运动与静止》一课的设计中，教师就是以"判断一个物体的运动状态，要看这个物体相对于参照物的位置是否变化，如果发生了变化就是运动的，反之则为静止的"这样一个科学概念的教学为主线，将学生前概念的调研作为教学活动的基础，创设情境引发学生的认知冲突，再通过几个富有层次梯度的探究活动，将科学概念分解细化，为学生搭建概念学习的脚手架，促进学生科学概念的形成。

第一个"脚手架"，将科学概念细化为认识"位置的变化"。学生先前认为"动"的物体是运动的，"不动"的物体是静止的。要改变学生错误的前概念，老师创设了"小红带小狗到公园玩"的情境,通过"没看见小狗跑动,却说小狗跑得快"这样一个矛盾,引发学生认知冲突,让学生自己意识到先前的想法是有偏差的,判断一个物体是否运动不能看它是否在"动",而要看它的位置是否发生了变化。

第二个"脚手架",将科学概念细化为认识"参照物"。首先通过类比方法的运用让学生判断老师个子是高是矮,再创设乘坐高铁的情境,使学生认识到判断物体运动要找到标准物体,最后通过判断小狗位置跟谁比发生了变化,建构"参照物"概念。

第三个"脚手架",将科学概念细化为认识"参照物选择具有多样性"。创设"出租车在公路上行驶,两名同学站在路边"这一情境,将学生分成两组,一组作为路边的同学判断车中的乘客是运动的还是静止的;另一组作为车中的司机判断乘客是运动的还是静止的。让学生以不同的方式感受运动,得出两种不同的判断结果,在两种判断的矛盾中使学生认识由于选择的参照物不同,得出的判断结果也不一样。

第四个"脚手架",扩大参照物概念,最终使学生建构了科学概念。承接上一个情境,同样将学生分成两组,一组作为路边的女同学判断身边的男同学是运动的还是静止的;另一组作为车中的人判断男同学是运动的还是静止的。再一次在矛盾中展开教学,强化了参照物的概念,又使学生认识到选择参照物时,既可以选择我们原来认为静止的物体,也可以选择正在动的物体,而且选择不同的参照物,得到的运动情况也不一样。

教师的这种设计充分遵循了学生的认知规律,将概念分解细化,精心搭建脚手架,使科学概念逐渐清晰、明确。学生的思维过程不是一个简单的从因为到所以的过程,而是一个不断激起矛盾并解决矛盾的过程,经过多层次的比较、分析与综合,让学生真正理解了科学概念。

2.对"教师引导是否过多"问题的思考。

本课学习内容虽然是生活中常见的现象,但通过前期的调查发现,绝大多数学生认为运动就是正在"动"的物体,静止就是"不动"的物体;少数学生能够说出由于地球的公转自转,地球上的物体都在运动;没有学生能够用参照物来判断物体的运动与静止。看来学生的认识还是表面的、肤浅的,并不能用科学的语言和手段描述运动与静止。且本课内容对学生的思维逻辑要求比较高，难度把握不好就会影响学生探究活动的开展，最终影响到学生对"运动"这一科学概念的认识。虽然有"教师引导是否过多"的嫌疑，但能够根据学生的实际水平设计教学方案，笔者认为还是比较恰当的。

附1：实验记录单

记录单一

桌子、书、橡皮、尺子什么是运动的？什么是静止的？

运动的物体：_____
静止的物体：_____

想一想日常生活中还有什么物体是运动的？什么物体是静止的？

记录单二

桌子、书、橡皮、尺子什么是运动的？什么是静止的？

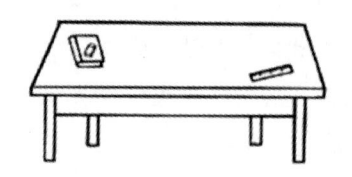

研究的物体	参照物	运动或静止
书		
橡皮		

续表

研究的物体	参照物	运动或静止
尺子		
桌子		

附2：学习效果评价

课后习题

（1）诗人曾写下这样的诗句："人从桥上过，桥流水不流"。其中"桥流水不流"，诗人选择的参照物（　　）。

A. 桥　　　B. 河岸　　　C. 水　　　D. 岸上的树

（2）为什么船在茫茫大海中经常会迷失方向？

（3）查阅资料完成，毛泽东主席有一句诗："坐地日行八万里，巡天遥看一千河"，这是以什么为参照物？

附3：评价量规

等级	描述
☆☆☆☆☆	能够积极思考，语言表达准确，逻辑性强，独立并正确完成课后习题（1）和（2）；能够独立借助网络、书籍等搜集信息，理解并完成课后习题（3）。
☆☆☆☆	能够思考各种问题，在教师引导下能一步步建构科学概念，语言表达基本准确，能够与同伴交流，正确完成课后习题（1）和（2）；能够在他人帮助下完成课后习题（3）。
☆☆☆	能在教师及同伴帮助下建构科学概念，但语言表达不清楚。能在教师及同伴帮助下完成并理解课后习题（1）和（2），但习题（3）理解较困难。

第六章 怎样培养小学生的质疑能力

"学贵有疑。"学生能够提出问题，说明他已经能够思考问题了，即使不是深思熟虑，最起码也是在关注着学习内容，这样就能促其更加积极地有意义地参与教学活动过程，才能保证课堂活动有效地进行。这样看来，学会质疑是培养学生科学素养极其重要的任务，只有让学生学会质疑，才能更好地发挥新课程的作用。

新课程实施以来，我们欣喜地发现，培养学生的质疑能力已是新课程的一个重要理念。但欣喜之余，我们也应清楚地认识到，现在的课堂教学，部分老师还是有意或是无意地限制着学生质疑。正如有人所说的：中国教育是培养"考生"，把有问题教育成没问题；美国教育是培养"学生"，把没问题教育成有问题。因此，教师要加强对学生质疑能力的培养，激发学生更深层次的探索与研究。

一、案例介绍

早在距今两千多年前，孔子就要求自己和学生"每事问"，他高度评价问题的价值及意义，认为"疑是思之始，学之端"。而孔子的这种理论，在两千年后却没有很好地体现在课堂教学中。

1.镜头一

科学课上，老师带领学生研究影响溶解快慢的因素。经过一系列的实验之后，学生们汇报："用热水可以加快溶解。"老师满意地点点头。正在这时，一学生却站起来："老师，我做的实验却是用冷水比用热水溶解得快。""是吗？那你的实验肯定做错了，课下你可以再做一次。"老师转头面向全体学生："经过研究，我们发现用热水可以加快溶解。"并将这一正确结论板书。

2.镜头二

"今天我们来研究'风',关于风你有什么问题吗?"上课伊始,老师提出问题。学生的思维还真开阔,不一会,就提出了三十多个问题,老师也——将其板书。但仔细分析,其中诸如"风是怎样形成的""为什么刮风""为什么有时刮风有时不刮风""风是空气的流动吗""什么是风"等实际上是一类问题,完全可以合并。再如"奶奶说风是天上的神仙吹了一口气,这是真的吗""为什么冬天的风冷,夏天的风热""雷厉风行这个词与风有关系吗"这样一些价值不大的问题也赫然其上。

3.镜头三

课堂总结阶段,老师问:"谁还有不懂的问题,可以提出来。"学生你看看我,我看看你,谁也没吭声。

二、原因分析

1.教师方面

首先,教师对质疑的关注不够,没有或很少对学生进行长期有效的培养,这是最主要原因。课程改革以来,教师对学生的质疑有所注意,但并不是将其放在重要的位置上,在平时上课过程中,关注的仍是有多少学生回答对问题了,经意和不经意间总会重复学生的发言,尤其是重复刚好符合自己要求的发言。长此以往,学生的质疑能力自然得不到培养。

其次,教师不敢放开时间让学生发问,少数因为没有耐心,等不到学生发问;多数害怕学生提出一些与教学重点难点无关的问题,影响教学进程。

最后,"师道尊严"仍蛰伏于少数人的思想深处,学生对老师既敬又畏,教师永远是正确的,对书本质疑、向老师发问,便是没有好好听讲,便是捣乱、钻牛角尖,换来的是教师的不屑、不耐烦甚至讽刺、挖苦,于是课堂上便只剩下教师的声音了,久而久之,学生也就没有问题可问了。

2.家长因素

上学前,家长往往都叮嘱自己的孩子要听老师的话,放学后,常询问的是今天上课乖了没有。而很少有家长问自己的孩子有没有向老师提问题,提了什么问题？此外在家中，如果孩子问一些诸如：电视为什么有图像、树干为什么是圆的等问题时，大都以电视一开就有图像、树干当然是圆的这种答案来搪塞孩子，或用"这么幼稚的问题，有什么好问的"来打击孩子。

3.学生自身

在学习过程中，有的学生往往满足于一知半解，不愿生疑；也有的学生怕提出的问题不恰当，会遭到老师的冷眼、同学的嘲笑，不敢妄然生疑。特别是高年级学生，在几年的学习过程中，也许受到过几次打击，就造成了他以后不愿发言；这些心理上和认识上的障碍，严重干扰了学生生疑的欲望，成了学生探求新知、思维创新的绊脚石。

三、培养策略

1.平等和谐的师生关系是前提。

心理学家罗杰斯认为：成功的教育依赖于一种真诚的理解和信任的师生关系。因此，要改变传统的教师居高临下指挥，学生服从的师生关系，换之以教师与学生民主平等，合作交流，共同探索，取长补短的新型师生关系。这样可以消除学生的胆怯心理，使他们能无拘无束地表达自己的疑惑与问题。自然学科的知识包罗万象，有时教师也会被学生问倒，这时就需要教师放下架子，"你的问题我也不太清楚，让我们一起来研究好吗？"直言不讳地承认自己的不足，不仅不会损伤教师的尊严，相反可以使自己的形象更加真实可信，更可以拉近师生之间的距离。

2.激励性的评价是基础。

"每个人都渴望成功，渴望通过成功获得他人的尊重和欣赏，进而确信自我价值，激发自我效力。"在培养学生质疑能力中，教师的评价起着十分重要的作用，给予学生鼓励性表扬会使学生振奋精神，以一种"登山者"的姿态投入新的研究活动中。

在教学《雾和云》一课时，学生们经过研究，认识到蒸锅上方冒出的"白气"不是水蒸气，因为水蒸气是无色的，并不是白色的。在经过深入研究，得出"'白气'是水蒸气遇冷后形成的小水点"这一科学结论。正当教师把这一结论板书，想让学生高声朗读并记忆时，一名学生却提出质疑：水也是无色的，所以"白气"不是水蒸气受冷形成的小水点。他的这一观点与书中的不同，但又有一定的道理。我也被这突如其来的问题问住了，大脑快速地将储存的知识浏览一遍，却没能找到答案。但我并没有慌张，而是用充满鼓励的语气说："你是一个善于思考且有独特见解的人。恭喜你，在科学这条大路上，你已经迈出了第一步。"我又转向全体同学："他没有迷信书上的答案，这种精神难能可贵，值得大家学习。针对这个问题，我们一起来讨论好不好？"但是虽经过热烈讨论，最终也没能找到答案。我又鼓励学生说："由于受到知识水平的局限，你们没能揭开这个谜。其实，每个人在研究科学的道路上都会遇到困难，不要怕，只要努力一定可以成功。"第二天，这个学生兴奋地找到我，"老师，我找到答案了！"看着他熠熠闪光的眼睛，我欣慰地笑了。

"成功是喜，失败是福。"教师不光对上例中这样有独特见解的学生要大力表扬，对提出质量不高的问题，甚至离题的学生也切忌随意性否定，而要做积极引导，否则会挫伤学生的自尊心，抹杀他们质疑的积极性。

3.严谨求实的科学态度是保障。

有效的怀疑，必须以大量的实际材料为基础。例如英国物理学家法拉第经过10年的探究，进行了一系列实验，收集了一系列材料，终于发现了电磁感应现象。没有大量丰富的资料，他决不会提出有价值的怀疑。科学就是要让孩子们学习科学对事实的尊重、科学对观察的依赖、科学对结论的谨慎、科学对错误的勇于修正等。例如前面所列的镜头一，课堂上明显出现了不同的声音，老师却置之不理。这样的场面在我们的课堂中还经常出现，我们不禁思考：教师为了结论，不顾客观事实的做法，展示给学生什么样的科学形象？这样的科学课给孩子们渗透着什么样的价值观？显然这种忽视科学理性态度的培养，与我们的科学教育是相悖的。

在进行《食物的营养》一课教学时，笔者也遇到了相同的问题。在探讨鸡蛋白含有什么营养成分时，其他学生都说含有蛋白质，一个学生却说含有淀粉，并振振有词地拿出证据——滴上碘酒后显蓝色的鸡蛋白。我抓住这一契机，先鼓励这位学生敢于质疑，又启发大家思考这是为什么。最后这位学生发现原来是自己操作不规范，在蛋白上沾了一点蛋黄，呈现蓝色的正是这一点点蛋黄。

看来既然课堂上出现了这样的情况，教师就应该引导学生反思实验的过程是不是规范，甚至可以让这些学生重新做一遍，因为尊重事实，是科学探究的本质要求。

科学是讲求证据的，科学的结论可以经得起实证。学生是否尊重客观事实，是否从事实、证据出发去求得结果是学生是否具有实证意识的表现。更是培养学生质疑能力的保障。

4.循序渐进的培养是关键。

目前，在科学课的教学中，许多教师已注意到了要启发学生质疑，也采用了一些手段，但都缺乏有意识的培养，大都流于形式，没有系统地、有计划地培养。实践证明，学生质疑水平的高低决非学生单方面的问题，它与教师引导是否得法是分不开的。事实上，光靠一节、两节课的培养是远远不够的，要有系统性，循序渐进地对学生进行长期的培养、训练，才有效果。

学生提出的问题大致有三类：

第一类是与上课内容无关的问题。为节省教学时间，对这类问题，教师一般用婉转的语言告知学生，这些问题不见得一定要回答，因为与上课内容无关，建议在课外解决。另外让学生带着问题成长，培养学生什么都要问一个为什么，这十分重要。不唯书，不唯上，不轻信，不盲从的理性精神需要在日常的教学中来培养。

第二类是跟上课内容关系密切的，能打开学生思路的问题。对待这类问题，教师要着重对提出问题的学生加以鼓励，甚至可以把问题公布出来，让全班同学一起讨论，作为学习的重点。许多成功的教学实例都表明，这类问题的作用很大，可谓"一石激起千层浪"。

第三类是表面与上课内容有关，实际却是肤浅的、没有价值的问题。例如前面镜头二提到的一些问题。对于这类问题，老师们普遍觉得很棘手，否定吧，怕挫伤学生质疑的积极性，肯定吧，又没有任何研究价值，而且会使更多学生提出更多无用的问题。下面笔者着重就这一问题谈谈自己的看法。

首先要清醒地认识到，在培养初期学生问得肤浅，价值不大，这是一个很正常的现象。原因是由于学生生活经历少，知识面窄，或由于方法不对或方向不正确，再有就是为了博得老师的表扬而为了提问而提问。

其次教师要进行具体指导。①在一些课堂上，有的学生所提问题随意、浅显，缺乏思考价值，而老师也照单全收，这样的质疑是毫无意义的。所以在质疑前就要先向学生提出明确要求：你提的所有问题必须是经过深思熟虑的，自己早就懂的，不必再提，很简单的问题自己思考后就可以解决的不要再提。对学生的质疑有一定要求，能确保质疑的质量，能使学生有较深的思考，在质疑中加深理解。②善于在教学过程中应用质疑教法用语，如"你的问题提得很好，很有质量，这是善于思考的结果。""你的问题很有价值，看来你是用心思考的。""你们现在真能问，能问在点子上，能抓住要点来提问。""不轻信书本，不迷信权威，你很有勇气。"③对学生提出的问题进行归类，会起到很好的引导作用。例如在前面镜头二中提到的一些问题，老师告诉学生，某某问题是一类的，可以进行合并。学生通过一个阶段的训练，会逐渐领悟，长此以往，他们提出问题的质量也会越来越高，这样既节省了教学的时间，又提高了学生的质疑水平。④如果没有特殊需要，尽量不要在刚上课时就让学生提问题，这样会使问题的范围过于宽泛。应在教学过程中，在让学生经历了一系列教学活动，对所学知识获得了一些初步认识，并想知道得更多的背景上，让学生就此知识提出科学问题，这样学生提出的问题就会比较集中、角度小且容易研究。

总之，质疑能力在思维过程和科学创新活动中占有非常重要的地位，对小学科学课堂教学活动来说，更是培养学生创新精神的切入点。因此在科学课中，我们要注重培养学生养成仔细观察、认真思考、敢于怀疑的习惯，并努力培养其发现问题、解决问题的能力。而这些习惯和能力肯定会成为他们一生中的一笔受用不尽的财富！

【教学设计一】《猫头鹰和农田》

一、教学目标

1.帮助学生认识食物链和食物网，构建食物链和食物网的概念，能正确书写食物链，学会分析食物链中的生产者和消费者，并会辨识。

2.培养学生综合分析的能力——运用综合分析的方法，分析和概括生物之间的食物关系。

3.意识到食物链中每一种生物的重要性，体会到自然界中的生物是相互联系的。

二、教学重难点

教学重点：建立生态系统中的食物链、生产者、消费者、食物网的概念，并能正确书写食物链。

教学难点：能正确书写食物链。

三、材料准备

教师准备：PPT课件。

学生准备：课前调查各种生物的食物关系；猫头鹰、草、玉米、蝗虫、蛇、麻雀、卷心菜、水稻等生物的图片。

四、教学过程

（一）初步了解食物链

1.谈话：同学们，你们喜欢猜谜语吗？那这两个谜语你们猜得出来吗？

出示谜语：草地上来了一群羊（板书：草　羊）

学生思考并回答，预设学生回答：草莓。

2.提问：草为什么没了？

预设：因为草被羊吃了。

（板书：草→羊）

接着出示第二个谜语：然后又来了一群狼

（板书：草→羊　狼）

3.提问：羊又为什么没了？

（板书：草→羊→狼）

预设：因为羊被狼吃了。

4.提问：这些生物之间有什么关系呢？那你能说一说是怎样的食物关系吗？

预设：两种可能，一种"谁吃谁"的方式，一种"谁被谁吃"的方式。

5.如果学生是用"谁吃谁"的方式表示,则指着板书提示:你能用"谁被谁吃"的方式来表示这种食物关系吗?

【设计意图】谜语暗含着生物之间的食物联系,两个提问有效地避免了学生将生物之间的食物关系用"谁吃谁"的方式表示,而是直接用"谁被谁吃"的方式展示,板书也一步步由食物链的雏形到正确的书写,这一切都为以下建立食物链概念做好铺垫。

(二)建立食物链概念

1.活动一:农田

①谈话:在农田里住着许多有趣的生物,看看这是什么?(出示图片:玉米、虫子、麻雀、猫头鹰)

学生观察并说出生物的名称。

②谈话:它们之间有没有食物关系?是怎样构成这种食物关系的?选择你自己方便的方式,用箭头、文字或者图画的方式把它写清楚。

预设学生:

玉米→虫子→麻雀→猫头鹰

玉米←虫子←麻雀←猫头鹰

猫头鹰→麻雀→虫子→玉米

猫头鹰←麻雀←虫子←玉米

③将学生的不同想法展示在黑板上。

预设:可能认为四种表达都可以。

④谈话:看看你们的表达有什么不一样?能评价一下你们的表达吗?

⑤谈话:想知道老师是怎样表达的吗?(玉米→虫子→麻雀→猫头鹰)

⑥提问:为什么要这样表达呢?为了回答这个问题,让我们先解决一个简单的问题:早餐你们吃的什么?人为什么吃饭?

预设:给人提供营养。

⑦追问:虫子吃玉米是不是也是为了这个原因?

⑧讲解:老师的想法不仅仅说明玉米被虫子吃了,还说明玉米给虫子提供了食物营养。所以我们用"玉米→虫子→麻雀→猫头鹰"这种方法来充分表达这样的关系。你能修正一下你们刚才做的吗?

学生修正自己的表达。

⑨小结：这些生物之间存在着食物关系，生物学家把这种像链条一样的食物联系叫作食物链。

【设计意图】从吃饭这种简单的问题出发，引出为什么要用这种方式表示食物链，把细节做精致，体现了科学的本质。

2.活动二：花丛

①谈话：在生活中还有好多相类似的环境，有更多不同的生物，它们之间有没有这样的食物联系呢？老师给你们准备了另外一组材料（课件出示花丛中的生物），你们能不能也把它梳理出来。

学生分组讨论并书写食物链。

②提问：能对你们写的食物链做一个评价吗？

学生汇报。评价各组的表达，重点是食物链的书写。

③提问：花→蚜虫→瓢虫→麻雀，这里的箭头既表示谁被谁吃了，还表示了什么？

④讲解：这是一种能量的流动，箭头表示了流动的方向，所以我们不能把箭头的方向搞反了。请再次修正你们的书写方式。

学生修正食物链的书写。

【设计意图】在教师指导下半独立完成食物链的书写，并再一次强调食物链的本质是一种能量的流动。

3.活动三：成语

①谈话：我们学过一个成语，螳螂捕蝉，黄雀在后。谁能简要介绍一下这个成语说的是什么？这个故事中出现了几种生物？这三种生物之间是什么样的关系呢？

②那谁又知道蝉吃什么？黄雀会被什么吃呢？蛇呢？

③提问：你能用正确的书写方式来表达这个食物链吗？

学生书写食物链并修正。

【设计意图】学生完全独立地完成食物链体现了一个循序渐进的过程。

（三）认识食物链的构成

1.提问：请同学们仔细观察这些食物链，看看它们有什么共同的特点？

预设：它们的开头都是植物，后面的结尾都是动物。

2.讲解：食物链都是从绿色植物开始，到凶猛的肉食动物终止。

3.提问：从这些食物链中，我们发现从第二环节起的这些生物呢，都是去捕食比它们弱小的其他生物，那么位于食物链源头的绿色植物，又是如何获取食物的呢？谁知道？

预设：植物进行光合作用为自己提供营养物质。

4.补充讲解：的确，这些绿色植物就是通过光合作用，把土壤里的水分和空气中的二氧化碳，转换成维持生命的营养物质，再以食物的方式储存起来。

5.讲解：这些绿色植物可以自己制造出食物来，是不是很了不起啊？生物学家就给食物链上的这些不同生物分了类，各起了名字，位于食物链源头的这些绿色植物就是属于生产者，其他的都是消费者。

6.老师这儿有一些生物，你能分辨出其中哪些是生产者？哪些是消费者吗？
学生分组讨论交流汇报。

【设计意图】培养学生归纳概括能力。

（四）建立食物网概念

1.谈话：在实际的农田环境中，生物之间的食物联系是非常复杂的，所以要画食物链肯定是不止一条的。看一看这幅图，你们有信心把食物链全都找出来吗？

学生找出图中的食物链。

2.提问：看大家找到的这么多条食物链交叉在一起，你们觉得像什么？

3.讲解：生物间复杂的食物关系形成了一个网状结构，叫作食物网。

【设计意图】既是对食物链的书写进行巩固，又为下面建立食物网概念做好铺垫。

（五）初步认识生态平衡的重要性

1.谈话

动植物之间有着各种各样的食物联系，但它们相互之间的联系到底有多密切，其中一种生物对链上的其他生物有多大影响呢？我再给大家讲一个真实的例子，请大家分析一下：50年代，我国农村曾因为麻雀吃粮食，而把麻雀作为四害之一来消灭。人们发现，在麻雀被大量捕杀之后的几年里，却出现了严重的虫灾，使粮食大量减产，谁给大家解释一下，这是怎么回事。

预设：低层次的学生，麻雀被消灭了，没有了吃虫的麻雀，虫子就多了。高层次的学生，食物链断了，生态平衡被破坏了。

2.讲解

自然界中的生物相互依赖，相互制约，此消彼长，交替生长，这样才形成了丰富多彩的自然世界。而人类的干预，使这种平衡遭受到破坏，许多物种因此灭绝。只有保护好每一种生物，与生物和谐相处，我们的生活才会更美好。

【设计意图】通过分析资料，使学生体验认识食物网中的生物相互联系、相互影响的关系，意识到保护食物网中生物稳定的重要性。

（六）延伸

谈话：关于生态平衡的事例还有很多很多，请同学们课下去搜集一些，下节课汇报。

【设计意图】一节课的结束不用句号来表示，而是学生研究的开始。

五、板书设计

猫头鹰和农田
草→羊→狼
玉米→虫子→麻雀→猫头鹰
树→蝉→螳螂→黄雀→蛇→老鹰

六、教学反思

《猫头鹰与农田》一课的教学内容之一是认识食物链，了解食物链的特点。食物链反映了一个生态系统中食物和能量的传递关系。食物链的书写表面上看是"谁被谁吃"的食物关系，但更为重要的是前面的生物为后面的生物提供了生命所需的营养物质，箭头的方向体现了一个能量的传递过程，这是科学的本质。

遗憾的是在第一次教学时，我并没有认识到这种科学本质，而是匆匆走上讲台。对大部分学生而言，他们通常会以"谁吃谁"的方式来表达食物关系，并不能用"谁被谁吃"的方式来表达，更不知道箭头的方向表示的是能量的流动，因此在书写食物链时经常出现"狼→羊→草"或"草←羊←狼"等错误。

课堂上，我要极力改变学生原有的"谁吃谁"为"谁被谁吃"，类似"不要按照谁吃谁的顺序排列，要按照谁被谁吃的关系排列"。这样的话我重复了又重复。但效果却微乎其微。

有了第一节课的教训，我改变了教学策略。先以谜语导入，"草地上来了一群羊"，"又来了一群狼"，引出"草被羊吃了，羊被狼吃了"。两个提问有效地避免了学生用"谁吃谁"的方式表示，而是直接用"谁被谁吃"的方式展示，板书也一步步由食物链的雏形到正确的书写，这一切都为正确书写食物链做好铺垫。为了让学生更好地掌握，我又让学生做了一个角色扮演游戏，吃的同学张大嘴巴做吃状，谁强大谁就张大嘴巴，箭头就指向谁。正在我以为大功告成时，却有一名学生站起来说："老师，食物链必须这样写吗？我用谁吃谁的方法表示为什么不行呢？"学生的这一突然提问，倒把我问住了。我只能掩饰一下自己内心的不安，轻描淡写地说："这是科学家们的一种约定俗成的写法，不过大家一定要这样写，听明白了吗？"

下课后，我狂奔回办公室，对学生提出的问题，我自己都觉得不能自圆其说。幸好，上午的课结束了，三班的课在下午。我利用中午时间查了资料，这才恍然大悟。下面是三班的部分实录：

师：农田里住着许多生物，它们之间的食物关系是怎样的？选择你自己喜欢的方式，用箭头、文字或者图画的方式把它写清楚。

师：想知道老师是怎样表达的吗？（玉米→虫子→麻雀→猫头鹰）

师：为什么要这样表达呢？老师的想法不仅仅说明玉米被虫子吃了，还说明玉米给虫子提供了食物营养。所以我们用"玉米→虫子→麻雀→猫头鹰"这种方法来充分表达这样的关系。

师：在生活中还有更多不同的生物，它们之间有没有这样的食物联系呢？你们能不能也把它们梳理出来。

师：花→蚜虫→瓢虫→麻雀，这里的箭头既表示谁被谁吃了，还表示了什么？

师：这是一种能量的流动，箭头表示了流动的方向，所以我们不能把箭头的方向搞反了。请再次修正你们的书写方式。

前两节课，我都是生搬硬套地告诉学生：食物链一定要按照"谁被谁吃"

125

的顺序来写，箭头一定要向右，第二节课还有意识地将谁吃谁规避掉。但学生并不理解为什么这样要求，总觉得规定这样一种形式根本没有必要。细细思考，学生之所以不能正确书写食物链，是并没有真正认识食物链的本质。这节课，从能量的传递出发，让学生明白为什么箭头要指向右边，让学生既知其然又知其所以然。当然，这节课也有缺点，那就是讲解过多，有点像初中的《生物》了。

如何深入浅出地向学生讲解食物链的本质呢？偶然一天，我从浙江小学科学教育网上看到特级教师彭香老师执教《食物链》的课堂实录，我豁然开朗。彭老师："为了回答这个问题，让我们先解决一个简单的问题：早餐你们吃的什么？人为什么吃饭？"接着追问："虫子吃玉米是不是也是为了这个原因？"彭老师从"人为什么要吃饭"这个简单的问题出发，引出为什么要用这种方式表示食物链，把细节做得更为精致，体现了科学的本质，真不愧为特级教师。

现在想想我还心有余悸，如果不是二班学生的一个大胆提问，如果我没有将这个提问放在心上，而采取置之不理的态度，那将是一个多么严重的后果啊。第二天，我就将一班二班缺少的课补上了。

《科学（3—6年级）课程标准》明确指出："科学教育要注重培养学生良好的科学素养，使学生逐步领会科学的本质。"教师进行教学时，必须考虑具体教学内容中所蕴含的科学本质，并通过相应的教学行为将这种科学本质转化为学生的理解。只有对科学概念有深入认识，提升教师自身的科学素养，才能不偏离正确的教学方向，才能很好地调控教学过程，才能培养学生的科学素养。

附：学习效果评价

通过课后习题来评价学生。

1.根据图中动植物间的食物关系，至少写三条食物链。

2.在这些食物链中，一种动物或植物可能与多种动植物有食物联系。在自然界中，许多食物链彼此交错形成网状，人们把这种网状联系叫作_____。

3.如果食物链中最后一环的动物被消灭掉，你认为会有什么影响？为什么？

【教学设计二】《物体的位置》

单元教学设计说明

本单元内容为湖南科学技术出版社出版的小学《科学》教材二年级上册的第四单元"物体的位置"。通过三课时的学习,需要让学生掌握根据参照物,利用方向和远近描述物体位置的方法。并要求学生运用所学知识,解决真实环境中的实际问题。同时通过组织活动,使学生的科学精神得到发展,令学生体会到质疑精神在解决问题时的重要作用,从而培养学生形成质疑的意识,并提高学生提出合理质疑的能力。

单元教学目标

1.科学知识目标

①学生通过描述位置的活动,知道结合参照物,使用方位和远近描述物体的位置。

②通过衡量远近的活动,让学生学会选择一段距离来表示物体之间的远和近,为下一步尺子的学习和三年级测量的学习打下基础;

③通过学习简易地图描述藏宝位置的活动,让学生学会在实际生活中描述位置的方式和方法;在实际藏宝和寻宝的活动中,提高学生利用所学知识解决实际问题的能力。

2.科学探究目标

①让学生在描述物体位置的过程中,体验基于事实提出质疑,发现问题后进行研究、得出结论的科学探究过程。并在对客观事实进行总结时,学习比较、抽象等思维方法。

②学生在小组制订藏宝计划的过程中,提高学生交流、讨论、指定方案的能力。并在获得信息后进行分析整理,最终完成任务。

3.科学态度、STSE目标

①通过学生对物体位置认识时产生的问题,让学生能够倾听别人的见解,形成用事实说话的意识;在探讨过程中让学生体会到质疑精神对问题解决发挥的重要作用。

②在教学情境转换后，学生能够在处理过信息之后得出结论。并在合作完成任务的过程中，对他人的想法、行为提出质疑，经过合作讨论后，确定计划，完成任务。

教学结构图（见下图）

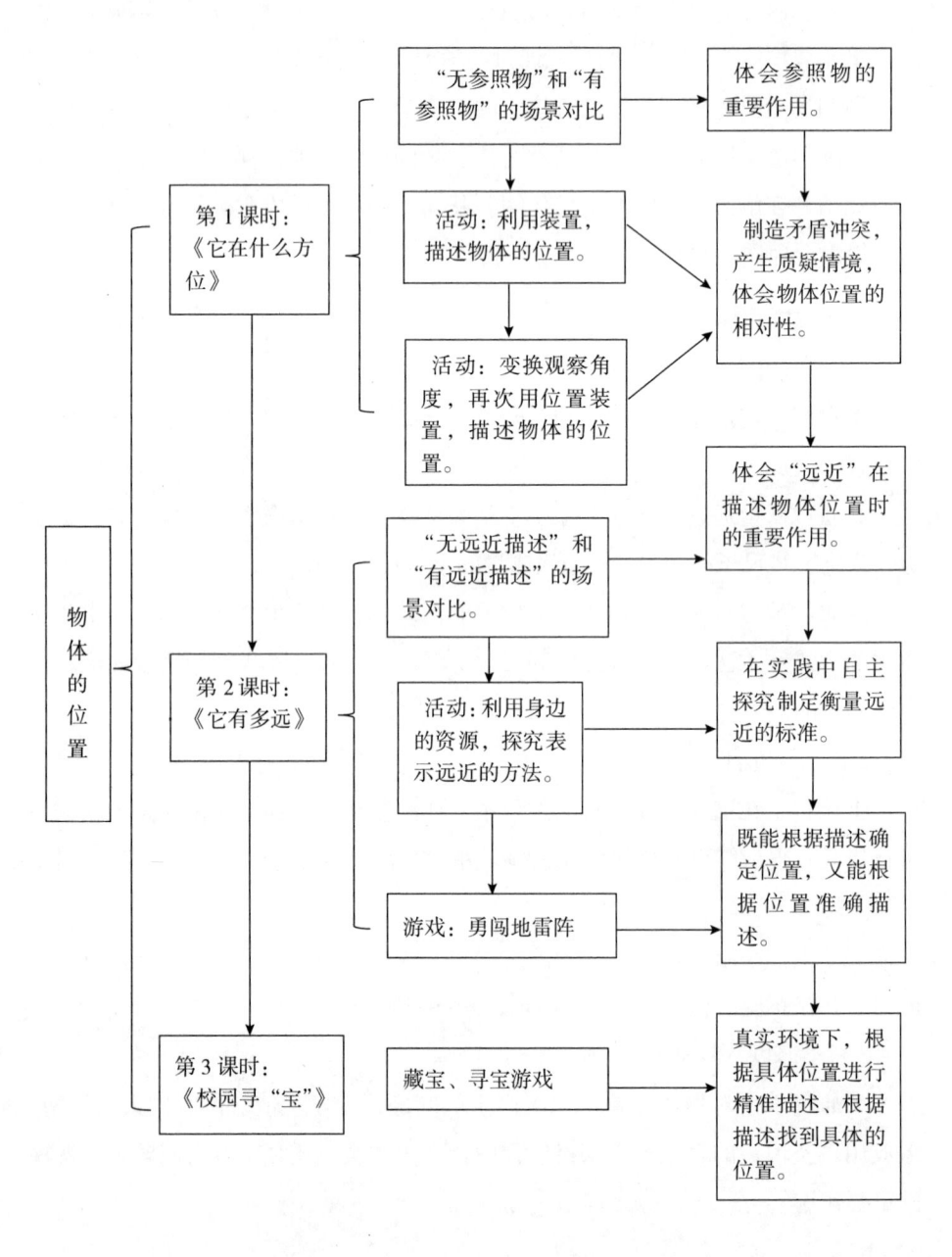

```
物体的位置
├── 第1课时：《它在什么方位》
│   ├── "无参照物"和"有参照物"的场景对比 → 体会参照物的重要作用。
│   ├── 活动：利用装置，描述物体的位置。
│   └── 活动：变换观察角度，再次用位置装置，描述物体的位置。
│       → 制造矛盾冲突，产生质疑情境，体会物体位置的相对性。
├── 第2课时：《它有多远》
│   ├── "无远近描述"和"有远近描述"的场景对比。→ 体会"远近"在描述物体位置时的重要作用。
│   ├── 活动：利用身边的资源，探究表示远近的方法。→ 在实践中自主探究制定衡量远近的标准。
│   └── 游戏：勇闯地雷阵 → 既能根据描述确定位置，又能根据位置准确描述。
└── 第3课时：《校园寻"宝"》
    └── 藏宝、寻宝游戏 → 真实环境下，根据具体位置进行精准描述、根据描述找到具体的位置。
```

第1课时 《它在什么方位》

一、教学目标

1.学生通过描述位置的活动，知道结合参照物，使用上下、前后左右、东南西北等名词描述物体的位置。

2.让学生在描述物体位置的过程中，体验基于事实提出质疑，发现问题后进行研究、得出结论的科学探究过程。并在对客观事实进行总结时，学习比较、抽象等思维方法。

3.通过学生对物体位置认识时产生的问题，让学生能够倾听别人的见解，形成用事实说话的意识；在探讨过程中让学生体会到质疑精神对问题解决发挥的重要作用。

二、教学重难点

教学重点：在教学活动中，让学生学会使用参照物和方位词描述物体的位置；在对问题质疑解决的过程中，体会物体位置的相对性。

教学难点：在学习物体位置相对性的过程中，加深学生的印象，体会提出质疑对问题解决的重要作用。

三、材料准备

带有海绵宝宝图案的磁扣、纸浆鸡蛋托、活动记录单、PPT课件。

四、教学过程

（一）认识参照物的作用

1.无参照物描述位置

教师布置任务：海绵宝宝在捉迷藏，你能找到它吗？

要求：请一名同学上台，背对黑板手持有海绵宝宝的磁扣，屏幕闪动，座位上的学生用一句话描述海绵宝宝的位置，然后，屏幕上的海绵宝宝消失。

台上的学生根据台下同学的描述，指出海绵宝宝的位置。

台下学生说：海绵宝宝在右下角。

台上学生把一个磁扣放在接近屏幕右端靠下的位置。

台下又一个学生说：在右下角靠左边一点。

台上学生又挪动位置,还是不准,其余学生发出"咿呀"的着急的质疑声。

台下又一个学生提示:在右下角最底下,再靠左一点。

台上学生还是找不准位置,其余学生干着急,不知道怎样描述好了,有了"这是怎么回事的?"的质疑。

教师组织学生汇报。并评价:我们描述得总不准确,要是有东西能帮助咱们描述就好了。

2.利用参照物描述位置

教师在屏幕上出示菠萝屋。海绵宝宝出现一次,然后消失。

学生观察,准备描述。

教师布置任务:台下学生用一句话描述海绵宝宝的位置,台上同学通过这一句话的描述,找到海绵宝宝的位置。

台下学生说:海绵宝宝在房子的下面

台上学生马上就找准了位置,其余学生表示赞同。

屏幕上再次出现海绵宝宝的位置。

学生观察,验证出找到的位置准确。

组织汇报提出问题:为什么上一次描述时,总是找不准确,这次一下子就找准确了?

学生回答:因为这次有了菠萝屋,我们能比照它的位置贴上海绵宝宝。

小结:我们在描述物体位置时,会选择另一个物体作为参考,这样会使位置的描述更加准确、便捷。

【设计意图】让学生体会在无、有参照物的情况下描述物体的位置不同,认识到参照物在描述物体位置时的重要作用。学生在描述过程中,通过质疑不断纠正物体的位置,最终找到利用参照物描述物体位置的方法,体会质疑在解决问题时的作用。

(二)利用参照物表示物体位置

出示装置(海绵宝宝在桥下的凸起上)

布置任务:海绵宝宝正在外面游玩,它让派大星来找它。你能准确地告诉派大星,海绵宝宝在哪里吗?(把它的位置描述在记录单中)

学生根据装置中海绵宝宝的位置,结合树、花等参照物,描述位置,填写活动记录单（见附1）。

组织学生讨论、汇报。

预测学生会用前后左右上下或东西南北等词描述。

评价提问：同一个位置可以用多个参照物进行描述。描述中出现的这些词语有什么作用？

学生回答：能表示海绵宝宝的方向。

小结：想要描述清楚物体的位置，除了要选择参照物体，还要说清方向。

【设计意图】上一环节中，学生已经体会到参照物在描述物体位置过程中的重要作用。本环节需要学生练习利用参照物表示物体的位置，并在过程中知道描述位置不仅需要参照物，还需说清方向。

由于前测中学生表现出的几乎全部习惯使用左右描述位置的特点，为位置相对性的学习创造契机。我在3组和6组的桌子上标记出了东西南北的指向，以便在"位置相对性"这一难点的教学中，能够突出问题，让学生在事实的基础上提出合理质疑，以便加深印象，解决这一教学难题。

（三）强调位置相对性

布置任务：各组对照记录单再检查一遍，你的描述是否正确？一定要确定无误。

学生对照装置，在座位上核对记录单。

教师在学生确认无误后，让学生来到桌子前方，再对照装置检查本组描述是否准确？

学生来到桌前观察，学生发现"左右""前后"描述的位置和记录单的记录不符。

组织汇报：存在什么问题？

学生发现用东南西北描述的位置没有变化。

提问：这是因为什么造成的？

学生体验到自己面对物体的朝向改变了。

小结：左右、前后会随人的朝向变化；东西南北固定不变。

【活动意图】根据对学生学情的分析，教师在组织体验教学前，让学生重新对装置进行了检查，务必确认无误。这样在桌前位置关系变化时，让存在的问题得以激化,使学生留下深刻的印象。学生发现事实的变化,对自己之前确信无误的问题提出了质疑。这种基于事实的质疑,便是一种合理质疑的体现。

五、板书设计

它在什么方位
参照物体　　　方向

附1:活动记录单

海绵宝宝在树的＿＿＿＿＿边。
海绵宝宝在花的＿＿＿＿＿边。
海绵宝宝在桥的＿＿＿＿＿边。
海绵宝宝在房子的＿＿＿＿＿边。
海绵宝宝在车的＿＿＿＿＿边。

附2:学习效果评价

1.评价学生两个活动的完成情况。

活动	评价指标	等级
活动1	能够使用上下左右、东南西北等方位词准确描述物体的位置。并能准确区分镜面效果后方向的不同。	A
	能够使用上下左右、东南西北等方位词准确描述物体的位置。	B
	知道有哪些方位词,能够在教师指导后,基本表述清楚物体的位置。	C
活动2	能够选定合适的参照物描述物体的位置,并可以根据自己所处方位不同,准确描述物体的位置;并能根据自身朝向不同,准确变换左右、前后等方位词。	A
	能够选定合适的参照物描述物体的位置;在与同学交流后,可以根据自己所处方位不同,基本描述出物体的位置。认识到物体的位置具有相对性。	B
	知道参照物的意思;可在教师指导后,描述出物体所处的位置。	C

注:A表示优秀;B表示良好;C表示及格。

2.根据参照物和方向,描述此时(某一时刻)教师所处的位置。

第2课时 《它有多远》

一、教学目标

1.通过描述物体位置的活动，使学生知道到在描述物体位置时，除了需要说明方位，还要表述清楚物体的远近关系；通过衡量远近的活动，让学生学会选择一段距离来表示物体之间的远和近，为下一步尺子的学习和三年级测量的学习打下基础。

2.通过描述物体位置的活动，让学生在对不同情景的分析比较中，促进学生的思维发展；在远近描述的活动中，通过类比选择不同的标准；在根据描述找位置的活动中，创设一定难度，提升学生综合、分析的思维能力。

3.在教学情境转换后，学生能够在处理信息之后得出结论。并在合作完成任务的过程中，对他人的想法、行为提出质疑，经过合作讨论后，确定计划，完成任务。

二、教学重难点

教学重点：通过描述位置的活动，认识到描述物体的位置，要说清两者之间的远近；能够制定衡量标准，通过验证，描述物体之间的远近。

教学难点：学生在衡量远近的活动中，体会到根据远近的不同，要选择长度不同的标准进行衡量。在提出质疑后，能够通过讨论与交流后，指定统一的计划。

三、材料准备

带有海绵宝宝图案的磁扣，纸浆鸡蛋托，大小合适的花朵、大树、房子、汽车等图卡，活动记录单，PPT课件。

四、教学过程

（一）体会描述位置需要说清远近

教师布置任务：海绵宝宝在捉迷藏，你能找到它吗？

要求：一名同学上台背对大家，台下同学用一句话描述海绵宝宝的位置。台上的同学根据描述用磁扣贴出海绵宝宝的位置。（屏幕上出现海绵宝宝闪动一

下，然后消失）

有一名同学说：在菠萝屋右侧大约5个海绵宝宝的距离。

台上同学一点点挪动1个海绵宝宝、2个海绵宝宝……她把磁扣放在了这里，回头看了看大家，大家点头同意。

同学们看到台上同学找到了正确的位置。

屏幕显示海绵宝宝出现的位置。

组织汇报，交流、提问：第二次同学为什么能够准确找到海绵宝宝的位置？

学生汇报：他除了说了方向参照物，还说了有5个海绵宝宝的距离。

小结：要准确描述物体的位置，除了要说清参照物和方向，还要说清远近。

【设计意图】 延续上节课的活动，利用学生熟悉的场景进行教学。对比两节课情景中不同位置的设定，激发出新的问题，即描述物体需说明远近。学生在活动中，引起了对已经掌握的知识的质疑，发现想要描述清楚位置，还需要说清物体间的远近关系。

（二）学习描述远近的方法

教师：既然远近在描述物体时这么重要，我们要如何才能说清物体之间的远近呢？看看在下面的活动中，你能不能找到好办法。（海绵宝宝在中间的凸起上）

出示装置（见下图），布置任务：海绵宝宝又去了新的地方郊游，你能再一次帮助派大星找到它吗？

要求：利用装置里的物体，描述海绵宝宝的位置。

学生利用装置，在组内交换意见后，描述装置中海绵宝宝的位置，填写记录单（见附1）。

组织学生汇报。

两组学生汇报海绵宝宝的位置。

布置任务：派大星按照你的记录单，能找到海绵宝宝吗？

要求：相邻组同学把海绵宝宝拿走，把记录单交给另一组的同学。另一组同学按照记录单的描述是否能够把海绵宝宝放回去。

相邻两组同学互相交换记录单，把海绵宝宝放回原位。（有的小组看到左右的记录后，还询问了对方是什么朝向记录的）

小结：经过大家的验证，要描述清楚物体的位置，既要描述参照物和方向，还要描述物体的远近。

提出问题：刚才我们在装置中是用"格子"描述的，如果在生活中想描述两个板擦之间的远近，还有什么可以像格子一样作为衡量标准？

预设学生：粉笔作为衡量标准；拳宽作为衡量标准；拃宽作为衡量标准。

提问：如果想知道黑板到墙壁的远近，以什么为衡量标准？

学生衡量墙壁到黑板的远近。

一位学生以脚步为衡量标准。

另一学生质疑：脚步长短会变，不能作为衡量标准。

最终达成共识，估算可以用脚步。

一位学生以臂展为衡量标准。

追问：为什么不用刚才衡量板擦距离的标准？

学生表示离得太远，用短的长度作为衡量标准太慢了。

小结：只要是固定的长度，都可以作为衡量远近的标准。远时，用长一些的标准；近时，用短一些的标准。

【设计意图】通过此活动，让学生学会表示远近的方法，并能够自行制定衡量远近的标准。学生在制定标准的的过程中，需要综合考虑到所需测量的远近和能够利用的工具。在与同学的交流过程中，互相质疑标准，最终达成统一的共识。学生选择不同的衡量标准，也是在为下一课时《校园寻"宝"》做准备。

（三）综合分析找位置

教师布置：我这个活动要帮助海绵宝宝回到菠萝屋，但是痞老板在途中布置了地雷（见下图）。

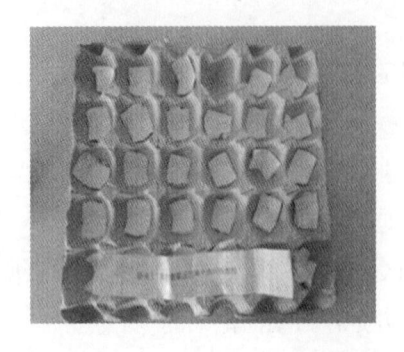

打开正确房间，海绵宝宝的朋友们会给你一条提示，告诉你下一步去哪里；打开错误房间会引爆地雷，游戏结束。

学生小组活动，根据提示和规则，打开对应房间。

学生打开1号房间，拆开纸条，提示为：我右侧最远的两个房间非常危险。（右侧共三个房间。）

学生右侧最近的房间打开，纸条显示：我最上面的房间很安全。

学生打开最上面的房间，纸条显示……

（如果学生没有按照描述找到相应的格子，纸条会显示"地雷爆炸，游戏结束"。）

提示活动注意事项。

组内分析成功或失败的原因。总结之后，继续活动。

学生汇报完成情况。

评价活动。

【设计意图】 通过活动，锻炼学生根据描述确定位置和根据位置准确描述的能力。活动设计了许多干扰的信息，如"蟹老板左右不分""箭头指向自己""就在旁边的旁边的旁边"等提示问题的设立，能够让孩子在有难度的探究活动中，既感受到乐趣，又能锻炼质疑、交流、解决问题的能力。

五、板书设计

它有多远

远近←标准

附1：活动记录单

海绵宝宝在树的_____边，距离_____格。		
海绵宝宝还在花的_____边，距离_____格。		
海绵宝宝还在房子的_____边，距离_____格。		
海绵宝宝还在车的_____边，距离_____格。		

附2：学习效果评价

1.评价学生三个活动的完成情况。

活动	评价指标	等级
活动1	能够结合上节课知识，利用指路装置，准确选准参照物，运用标准表示远近，清晰表述出海绵宝宝的位置。	A
	能够结合上节课知识，利用指路装置，准确选准参照物，并在教师提醒下，运用数字表示远近。	B
	知道想要表述清楚远近，需要选择参照物。知道物体离参照物有远和近的区别。	C
活动2	能够提出3种以上证明远近的标准，并可以准确实施。	A
	能够提出新的证明远近的标准，并可以实施。	B
	在提出新标准后，可以进行实施。	C
活动3	能够提出3种以上证明远近的标准，并可以准确实施。	A
	能够提出新的证明远近的标准，并可以实施。	B
	在提出新标准后，可以进行实施。	C

注：A表示优秀；B表示良好；C表示及格。

2.回家藏一个宝物，向父母描述宝物的位置，看看他们能否找到？

第3课时 《校园寻"宝"》

一、教学目标

1.通过根据学习简易地图描述藏宝位置的活动，让学生学会在实际生活中描述位置的方式和方法；在实际藏宝和寻宝的活动中，提高学生利用所学知识解决实际问题的能力。

2.学生在小组制订藏宝计划的过程中，提高学生交流、讨论、指定方案的能力。并在获得信息后进行分析整理，最终完成任务。

3.通过藏宝和寻宝的活动，激发学生探究物体位置的兴趣；学生在获取信息后，相互交流，制订计划；在遇到问题时，提出质疑，解决问题。最终将所学知识运用到实际生活中，以解决真实面对的问题。

二、教学重难点

教学重点：运用所学知识，准确描述物体的位置；根据描述，找出物体的位置。

教学难点：在现实生活中衡量物体间的远近，选择合适的标准及参照物。运用语言描述物体的位置；遇到问题后，能够提出合理质疑，并找到解决问题的办法。

三、材料准备

活动记录单。

四、教学过程

（一）描述藏宝位置

布置藏宝任务。

提出要求：根据地图（见下图），设计本组所藏海绵宝宝的位置，并进行文字描述。最终能够让其他组的同学理解并顺利完成任务。

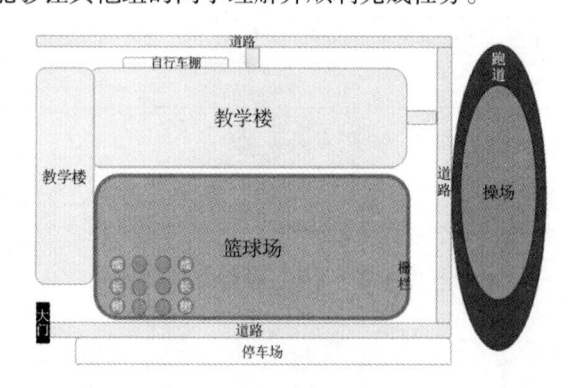

学生讨论，制订藏宝计划。

组织交流、汇报。

学生汇报描述海绵宝宝位置的方法。（起点、终点、参照物、测量标准等）

【设计意图】通过活动，让学生对所学知识进行反思。在小组制订计划的过程中，对如何描述清楚海绵宝宝的位置的方法相互质疑，最终达成统一方案。

（二）藏宝与寻宝

教师组织学生室外完成藏宝图、藏宝、寻宝活动。

学生为了制作藏宝图，他们首先衡量藏宝地点与参照物之间的远近。

将所测数据记录在藏宝图内。

组织学生分析本组藏宝图的可行性。

有的组已经完成藏宝图，把画有海绵宝宝的卡通图片放在预定地点之后，发现风很大，把纸条吹跑了，他们想到了用石头压上。

分析学生提出的问题，质疑后与同学共同探讨解决方案。

结合实际情况，保留或更改藏宝地点。

各组都制作完成记录单（见附1）、藏宝图。

组织学生交换藏宝图，按照对方藏宝图提示，尝试寻宝。

小组间交换藏宝图。

有的组寻宝成功了，但是有的学生还继续质疑参照物选择的可行性，认为不能用汽车之类的可移动物品。

有的组还未找到海绵宝宝，学生分析问题，质疑找不到的原因是脚步不够大或箭头标错。验证后，终于找到海绵宝宝。

总结活动中遇到的问题，交流各组经验。

【设计意图】通过藏宝寻宝游戏，激发学生对于物体位置探究的兴趣。学生在藏宝和寻宝过程中，利用了不同的标准来衡量远近。并在遇到问题后，能够讨论进行解决。在学生解决问题的过程中，互相探讨彼此质疑与假设的合理性，并一一进行实践。既运用了所学知识解决了实际问题，又再一次感受到了质疑在解决问题过程中的重要作用。

五、板书设计

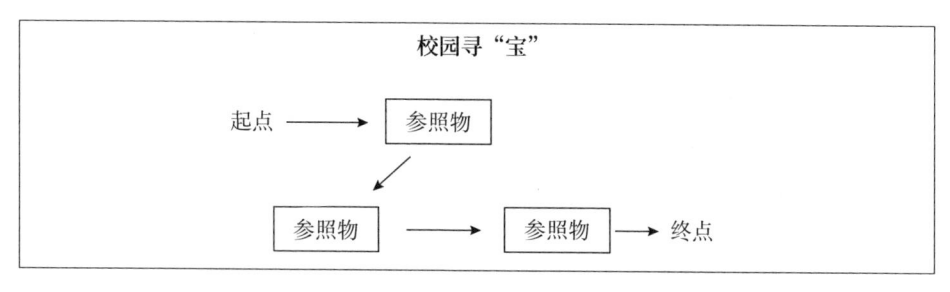

```
                    校园寻"宝"

        起点 ──→ 参照物
                    │
                    ↓
        参照物 ──→ 参照物 ──→ 终点
```

附1：活动记录单

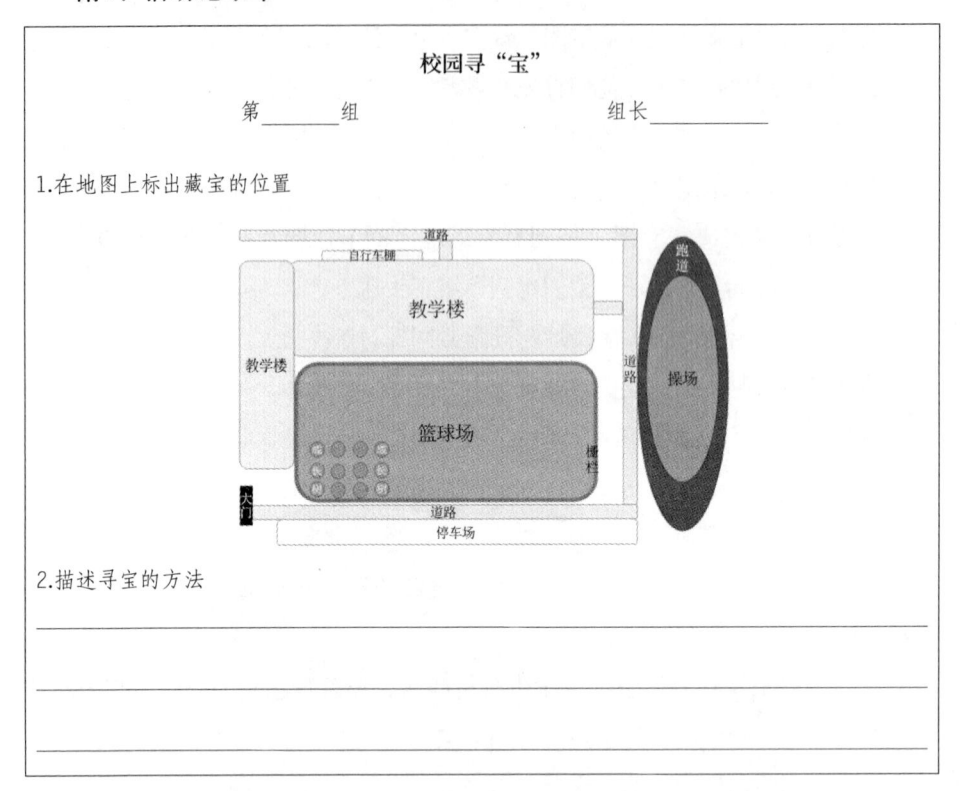

校园寻"宝"

第_____组　　　　　　　　　组长_____

1.在地图上标出藏宝的位置

2.描述寻宝的方法

_____

_____

_____

_____

附2：学习效果评价

1.评价学生两个活动的完成情况。

活动	评价指标	等级
活动1	大致根据学校地图，运用方位词准确描述出物体位置或根据可靠描述，准确找出物体。	A
	能够根据地图，基本描述出物体位置或找到物体。	B
	在教师指导下，可描述出物体位置或发现物体。	C
活动2	可根据环境，利用适当的标准衡量远近。遇到问题能够提出合理质疑并有效解决。	A
	可根据远近不同排列物体或描述位置。	B
	在教师指导后，可以描述出物体的远近关系。	C

注：A表示优秀；B表示良好；C表示及格。

2.自己绘制班级地图，继续寻宝游戏。

单元反思与改进

在以往教学实践过程中，此单元知识主要以讲授为主。学生在被动接受知识的过程，很难主动探究。更为重要的是，虽然知识本身难度并不大，之前也已学过相关内容，但学生实际的掌握情况并不理想。

为了贴近学生的生活，在整个单元的设计过程中，以"寻找海绵宝宝"的情景贯穿始终，学生表现出了极大的热情。并为学生的学习设计了情景模型。学生从一开始不断找错，无意识描述，通过质疑与验证直至理解，逐步利用科学方法找对位置。在这个过程中，学生的思维能力得到了提升。学生在探究过程中呈现出的科学精神，在讨论和修正自身行为时的批判思维，表达交流，不断完善形成图式。学生的核心素养，得以训练和体现。

1—2年级的孩子处于科学精神形成的起始阶段。在教学过程中发现，部分学生对于问题缺乏质疑的意识，他们对教师提出某个问题后，无论教师的解释他是否明白、认同，都不再进行追问；另有部分学生虽然有质疑的意识，但其思维过于发散，不能提出合理的质疑。

因此，笔者在单元的教学中，非常注重学生质疑精神的培养。力争在师生、生生互动的过程中，培养学生质疑的意识。例如在《它有多远》第一课时，孩子在讨论完以什么样的标准去衡量物体的远近之后，给出他们更远的两个物体。这时孩子们便开始用新的标准去进行衡量，部分同学提出使用脚步去衡量。此时有学生开始质疑，每一次的步伐可能会有差距，这不适合作为一种衡量标准。在通过学生之间的讨论，得出了开始测量后，衡量标准要一致的结论；最终在第二课时描述藏宝位置时，学生根据描述找不到对方组的宝物，在质疑他们是否描述错误的同时，讨论出可能是大步小步的问题，最终通过实践顺利完成了任务。在这个过程中，将学生对问题的质疑，变成下一步探究的动力，使其在质疑后自己探究出了答案。

还有"海绵宝宝在哪里""勇闯地雷阵"等活动的设立，除了学习基本的科学知识外，笔者希望学生能在主动探究的过程中，通过讨论，不断修正自身行为，形成初步的质疑与批判思维。学生的核心素养得以训练和体现。

第七章　怎样运用发展性评测促进学生核心概念的形成

"核心概念"是位于学科中心的概念性知识，包括了重要概念、原理、理论等的基本理解和解释，这些内容能够展现当代学科图景，是学科结构的主干部分。由此可见，重视核心概念的形成，实际上是重视基本观念和基本方法的形成，而不是支离破碎地记忆一些孤立的事实和对概念定义的死记硬背，这是新课程与教学和传统课程与教学相比最重要的转变。

"发展性评测"是韦钰院士在《探究式科学教育》一书中提出的一种评测形式，重点强调了"发展性评测"是贯穿于课堂教学全过程的一种教学策略，在不同的教学任务中，教师和学生运用评测来确认他们在科学学习过程中不同方面取得的进展，因此，将这种评测形式称之为"发展性评测"。

一、为什么要运用发展性评测促进核心概念的形成

核心概念的研究是国际上理科教育中的一个重要领域，我国的部分中学课程标准也提出要帮助学生深入理解学科的核心概念，在小学科学课程标准（送审稿）中也明确指出：要围绕核心概念组织教学。这就要求我们的课堂要确立新的课程理念与目标，更新教学内容和要求，推广基于探究的多样化的教学策略，以期达到建构核心概念的目标。

但是走进现在的科学课堂，我们发现：很多教师在课堂上没有抓住核心概念进行教学，教学中没有前后一致、贯穿始终的思想主线，肤浅的"探究"活动及对事实类信息的强调和不当使用并非个别现象，致使学生对科学现象本质的认识仍非常浅薄，解决实际问题的能力非常有限。因此，强调核心概念在科学课程教学中的重要作用，强调概念和原理的理解而不是仅仅对事实的记忆，

已经变得十分必要和迫切。

"发展性评测"是和教学过程结合在一起的同一过程,是贯穿于课堂教学全过程的一种教学策略,发展性评测要求在制订教学计划时就要考虑到学生的初始概念,在进行教案设计时要根据学生的认知过程,考虑发展性评测任务的设计,每个评测任务的具体目的是什么,并且要求这些任务的本身即是教学过程的一部分。因此,教师完全可以运用发展性评测这一教学策略,与科学课中的概念教学紧密结合在一起,围绕核心概念组织有效的教学活动,促进学生对概念的理解和形成过程。

二、如何运用发展性评测促进核心概念的形成

"加热地表"是美国FOSS教材《太阳能》模块中的第二部分内容,我们对此部分内容进行结构化处理,知识内容结构图如下:

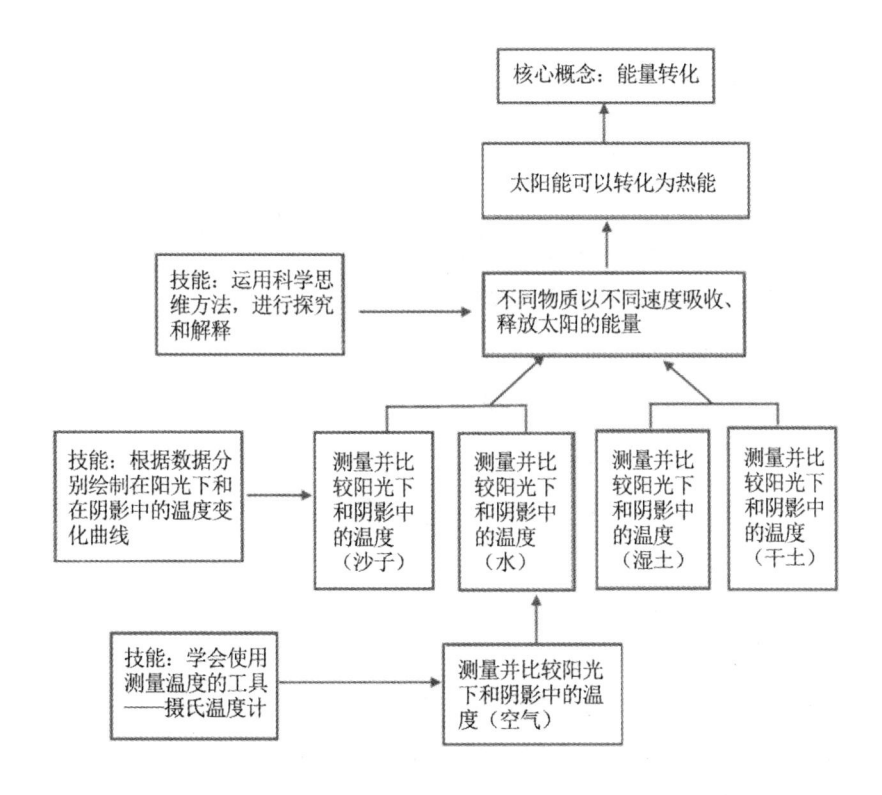

```
                          核心概念:能量转化
                                ↑
                          太阳能可以转化为热能
                                ↑
  技能:运用科学思      →   不同物质以不同速度吸收、
  维方法,进行探究          释放太阳的能量
  和解释                    ↑      ↑    ↑      ↑
                            |      |    |      |
  技能:根据数据分   测量并比较  测量并比较  测量并比较  测量并比较
  别绘制在阳光下和   阳光下     阳光下    阳光下    阳光下
  在阴影中的温度变   和阴影中   和阴影中  和阴影中  和阴影中
  化曲线             的温度     的温度    的温度    的温度
                    (沙子)    (水)    (湿土)   (干土)
                                ↑
  技能:学会使用        测量并比较阳光
  测量温度的工具       下和阴影中的温
  ——摄氏温度计       度(空气)
```

143

从图中可知，本部分内容包括两个活动：一是测量并比较空气在阳光下和阴影中的温度变化，二是测量并比较沙子、水、湿土、干土这四种物质在阳光下和阴影中的温度变化；让学生建构的核心概念是"太阳能可以转化为热能"，分解概念是"在同一时间内，不同物质吸收和释放太阳能量的速度不同"。下面以"加热地表"为例，谈谈运用发展性评测促进核心概念形成教学实践的探索。

1.通过调查，了解学生前概念

学生在学习科学概念之前，他们对这些概念大都有了一定的认识和了解，这种已有的认识就是科学学习中的前概念。前概念在学生的科学学习中扮演着非常重要的角色，新概念的形成建立在前概念基础之上。当科学概念和前概念比较一致时，学生就容易理解；反之，他们就会觉得很难。所以在实际的科学教学中，教师要把握住学生的前概念，这样就会使得教学有的放矢，就能更好地提高教学效果。

有效了解学生前概念的方法之一就是根据核心概念编制前测题，在"加热地表"教学前，编制了一些前测题，现举几例来分析。

1.阳光下的温度与阴影里的温度有什么不同？

A. 阳光下比阴影中的温度高　　B. 阳光下比阴影中的温度低

C. 阳光下与阴影中的温度一样　　D. 没做过实验，不知道

2.什么是能量转换，你认为哪种说法正确？

A. 太阳光让我们看清了东西就是能量转换

B. 太阳把河里的水晒热了就是能量转换

C. 我不懂"能量转换"是什么意思

你还能举一些能量转换的例子吗？

3.在阳光下，水、沙子、干土、湿土等物质温度会怎样变化？变化得一样吗？

A. 温度都会升高，而且升高的温度都一样

B. 温度都会升高，但不同物质升高的温度不一样

C. 有的物质温度会升高，有的不会有变化

如果温度升高不一样，你能给它们按从高到低的顺序排列吗？

第1题中，98%的学生选择了A，2%的学生选择了B，没有学生选择C、D。可见学生这方面的生活经验还是很丰富的，即使是选择B的同学也有可能是没看清题目，盲目作答的结果。

第2题中，13%的学生选择了A，36%的学生选择了B，48%的学生选择了C，只有3%的学生选择了A和B，能够举出能量转换例子的就更少了。可见学生对于能量转换这个词很不熟悉，即使有例1中的生活经验，也只是知道温度升高与太阳有关，并不能将温度升高与能量转换联系起来。

第3题中，32%的学生选择了A，56%的学生选择了B，12%的学生选择了C，值得一提的是，在排序时，多数学生把沙子排在了第一位，但只有12%的学生排序正确。可见学生对于沙子这种物质在阳光下温度变化的认识很正确，这是因为他们有在沙滩上晒太阳的经验，而对于其他物质就了解不深了，至于半数以上的学生选择B，也只能理解为潜意识中的反应，并不是有什么依据。

看来，学生的前概念多数来自于自己的生活经验，且只是凭借感官对现象进行一些直观的解释，这些解释往往停留在感性认识的水平上，缺乏严格的推理和实验验证，有时他们借用表面类似的现象对事物进行解释。

把学生的前概念暴露出来后，教师通过分析学生的认知结构现状、所学概念与已有认知结构中相关知识的关系等，明确了学生的学习困难之所在，然后才能有的放矢地设计有针对性的教学，从而建立新概念与已有知识的联系，实现科学概念的逐步建构。

2.根据核心概念确定评测标尺

《探究式科学教育》一书中对发展性评测中关于学习的标尺有如下论述：根据预计要达到的目标，我们可以设计要完成的评测任务，对每一个这样的评测任务，都可以分别用评测标尺来标记，它们可以供教师在观察和评价学生的学习情况，以及在倾听学生分组讨论，或是学生向全班同学介绍探究结果时使用。一个设计得好的标尺可以让教师比较方便地记录下学生达到的程度。

当然，如果每一节课都制定相应的评测标尺，工作量会很大。其实有一些评测标尺在科学课的内容中都是通用的，尤其是一些技能发展方面的，比如：

技能发展观察点	发展性评测标准		
	水平1	水平2	水平3
设计实验方案	能够设计出较为完整的实验方案，并明确实验过程。	能够在教师指导及同伴帮助下设计出实验方案，并能根据文字材料明确实验过程。	不能设计出实验方案。
合理分工	明确自己在小组中的位置，知道自己在实验中应该干什么。	在组长指挥下，能够承担自己的实验任务。	不知道实验时应该干什么。

但是，涉及概念（尤其是核心概念）的理解方面的评测标尺，就需要教师深思熟虑，要围绕核心概念制定出每一课的概念理解方面的标尺。例如本课的概念主线是：核心概念是"能量转化"、分解概念是"太阳能可以转化为热能""不同物质将太阳能转化为热能的速度是不同的"、支撑分解概念建构的活动是"测量并比较阳光下和阴影中的沙子、水、湿土和干土的温度及其变化"。通过活动，能够使学生知道沙子、水、湿土和干土将太阳能转化为热能的快慢顺序是沙子、干土、湿土、水，从而得出沙子、水、湿土和干土将太阳能转化为热能的速度是不同的。由此可以建立"不同物质将太阳能转化为热能的速度是不同的"的概念，进而逐步建立核心概念。值得注意的是，在制定概念理解水平方面的评测标尺时，一定要从概念水平的完整度来评测学生，而不能仅从独立性方面来评测学生。这一点从以下评测标尺的修改中可见一斑。

修改前：

概念理解观察点	发展性评测标准		
	水平1	水平2	水平3
不同物质将太阳能转化为热能的速度是不同的	能独立将四种物质的温度变化进行排序，从而认识到：不同物质将太阳能转化为热能的速度是不同的，并能正确表述。	能够在教师指导下进行排序，从而意识到：不同物质将太阳能转化为热能的速度是不同的，但不能用正确的语言来表述。	在教师及同伴帮助下也不能对数据进行分析比较，不能对四种物质的温度变化进行排序。

修改后：

概念理解观察点	发展性评测标准		
	水平1	水平2	水平3
不同物质将太阳能转化为热能的速度是不同的	能进行温度变化排序，并能将温度变化与能量转换联系起来。从而认识到：不同物质将太阳能转化为热能的速度是不同的，并能正确表述。	能进行温度变化排序，但不能将温度变化与能量转换联系起来。	能发现四种物质温度都有变化，但不能对其进行排序。

3.根据评测结果，及时调整教学计划，促进核心概念的形成

连续地对学生进行评测是以学生为中心的指导教学法的一个主要特点，发展性评测运用于整个教学的过程之中，能够及时进行课堂观察与反馈、调控，而不只是在教学活动告一段落时才使用。由于学生理解水平不一致，学习的进展情况也不一样，不能因为有少数学生理解了就认为所有学生都理解了，因此在学习过程中可以运用评测来监控课堂活动的有效性。

例如在"测量并比较空气在阳光下和阴影中的温度变化"这一活动时，在教师引导下，学生理解了太阳的光和热是太阳能，阳光下的空气吸收太阳能，温度升高了，这是太阳能转化为热能了。但在"测量并比较沙子、水、湿土、干土这四种物质在阳光下和阴影中的温度变化"这一活动时，教师提问："在阳光下，不同物质的温度会怎样变化？说说你的理由。"本来教师希望学生说出各种物质的温度会升高，原因是太阳能转换为热能了，然后就可以进入设计并实施实验的环节上。但实际的情况却不尽如人意，学生说了好多理由，都没有将温度升高与能量转换联系起来，看来能量转换概念对学生来说确实是生疏的，不是说一遍两遍就能记住的。教师在进行课堂观察时发现了这一情况，并没有继续下面的设计实验环节，而是及时调整教学方案，再一次强调什么是太阳能，在太阳照射下，地球上的物体温度升高了，就是太阳能转换为热能了。可见，在取得教学目标的过程中，如果发现大多数学生进展缓慢时，教师就需要对原有的教学计划做出调整，对后续的教学活动进行修改，以期达到使多数学生理解的目的。

将"发展性评测"不仅仅作为一种评价形式,而是作为一种教学策略,并且与围绕核心概念组织的科学探究活动紧密结合在一起,贯穿于科学课堂教学的全过程。教师依据学生对概念的认知规律、理解过程进行教学设计,同时完成对各环节评测任务的设计,在实践研究中通过课堂观察和评测,对教学进行适时调控,为学生理解概念创造条件,使科学概念在学生头脑中逐渐清晰、科学、丰富和完善,最终促进学生逐步形成核心概念和提高科学素养。

【教学案例一】《鱼漂的秘密》

任务驱动、巧用评价,培养学生科学素养

新颁布的2022版《义务教育科学课程标准》中明确指出:科学课程要立足学生核心素养的发展,逐步培养学生适应未来发展的正确价值观、必备品格和关键能力,核心素养是科学课程育人价值的集中体现。

基于以上理论,本课由浅入深为学生设置了三个层层深入的任务:让鱼漂竖直立在水中—让鱼漂一部分在水上、一部分在水下—让鱼漂露出水面的部分为教师指定高度。这样一个循序渐进的设计思路,符合学生对问题由表及里、由浅入深、由现象到本质的认识过程,学生的科学素养能够得到有效培养。

新颁布的2022年版《义务教育科学课程标准》指出:要构建素养导向的综合评价体系。强化过程评价,重视"教—学—评"一体化,关注学生在探究和实践过程中的真实表现与思维活动;综合评价要强调主体多元、方法多样、内容全面;发挥评价的诊断功能、激励作用和促进作用,关注个体差异,改进学习过程。

本课在探究活动过程中,将实验报告单作为评价载体,采用图文结合的方式设计,学生对实验过程进行记录,利于学生思维的表达与外显,可在课堂中随时进行生生、师生相结合,自评与小组评相结合的过程性评价,评价不仅全面,而且易于操作观察,指标明确,很好地契合了课标中提出的"教—学—评"一体化的要求。

本课选自湘教版科学五年级上册第二单元，本单元前三课是《谁沉谁浮》《改变浮沉》《制作航道浮标》，按照"判断浮沉—比较漂浮能力—改变浮沉"的认知逻辑和递进结构编排。在这三课的基础上，笔者补充设计了《鱼漂的秘密》这一课，目的在于将科学知识迁移应用，提高解决问题的能力。在实践过程中，要求保证鱼漂竖直，除考虑沉浮材料的选择及调试，也要不断地调整和改变配重的重量，发展学生比较思维能力；教师对鱼漂露出水面部分的长度提出新要求，更好地将课堂与现实生活相联系，为学生深入探究提供可能，也进一步推动了学生高阶思维的发展，科学探究能力得到进一步锻炼。

我们通过前测问卷，从是否关注浮力、是否关注材料本身漂浮能力、是否清楚改变沉浮的方法三个方面对学生进行前测，通过调查我们可以看出：所有学生都注意到生活中的物品有沉浮现象；大部分学生能够将生活中常见物品进行沉与浮的分类。但在表述影响沉浮的因素以及改变沉浮的方法时，大部分学生无法准确表达。因此对于学生而言，本课内容虽然非常接近学生生活，但需要引导学生在分析过程中，体会到改变配重的重量可以改变物体的沉浮状态。这个前测，也是对学生前认知的一次评价，便于改进教师的课堂教学设计。

基于对教材和学情的分析，确定了如下教学目标：

1. 在反复调试的过程中，认识到配重与鱼漂的状态有关系，增加配重可以使鱼漂露出水面的部分少，减少配重可以使鱼漂露出水面的部分多。

2. 在小组探究活动过程中，能对所观察的现象做出假设，能积极主动地思考并动手操作，能收集证据做相应解释，经历"提出问题—猜想假设—实验验证—形成解释"的探究过程。

3. 通过小组活动完成任务，体会做中学、学中思的乐趣，获得成就感与自豪感。

4. 体会作品与实际生活中产品的不同，进一步根据实际生活中的具体场景与需求，思考改进作品。

本课由三大部分组成，其中第二部分安排了三个层次性递进式任务，任务驱动、巧用评价，一方面完成任务的过程中评价随时开展，另一方面也不断促进教学的改进。

（一）聚焦问题，引发探究兴趣。

出示真实的鱼竿，通过观察，学生认识了鱼竿的结构，并且发现这个鱼竿缺少了一个重要部分——鱼漂，从而将学生的关注点聚焦到本课核心问题——鱼漂。

"鱼漂在水中到底是什么样子的才能保证我们在岸上就能够看见鱼漂。"引导学生关注鱼漂的功能及鱼漂在水中的状态：竖直立在水中，而且一部分在水面上、一部分在水面下，揭示本课研究的主要问题。

（二）任务驱动，引导问题解决

任务一：你能让鱼漂竖直立在水中吗？

"应该用什么材料来制作鱼漂呢？"这一问题，激发学生的原有认知，学生头脑中立刻反映出单元第一课《谁沉谁浮》中比较过各种物体的漂浮能力，比较容易地得出：用轻的、漂浮能力强的材料来做鱼漂，比如木材、竹材、鸟类的羽毛等，从而巧妙地引出本次制作鱼漂的材料——牙签。

科学课呈现实验材料有两种方法：一种是教师给学生实验材料，学生直接就能想到怎样用；另一种是不给实验材料，让学生自行设计。本课采用了第二种方式，教师并没有直接给学生呈现实验材料，而是让学生自己分析，在分析的过程中，交流、比较、借鉴、取舍等评价活动才有可能发生，学生的设计才能是多样的、个性化的。

"鱼漂扔到水里能够竖直立在水中吗？"现场操作，牙签鱼漂横着漂浮在水面上，并没有竖直。适时出示视频：钓鱼人将鱼漂扔到水中，一开始鱼漂也是横着漂浮在水面上，但马上就竖直立在水中了。这就将学生的思维激活了，"你能让鱼漂竖直立在水中吗"这一任务自然而然呈现在学生面前。结合本单元第三课《制作航道浮标》，学生头脑中有了初步的解决方案：在鱼漂下方增加配重。这个方法行不行呢，还是要通过实验来验证假设。学生在鱼漂下方的鱼线上增加了橡皮泥作为配重，经过动手实践，终于让鱼漂竖直立在水中了。

在完成任务一的过程中，学生们经历了"发现问题—猜想假设—实验验证—形成解释"的探究全过程，而评价也在这一过程中的每一个环节中开展。实验前的猜想、实验中的探究，是学生以组为单位完成的，那就根据评价量表从"提问是否正确、假设是否恰当、参与科学学习是否积极、是否实事求是"

等方面进行评价，评价的主体可以是学生自评，也可以是组内进行互评；实验后的解释，是在全班集体展示的，那就可以根据实验报告单的填写以及交流分享中的表现进行评价，比如可以从表达是否清晰、记录是否完整、方案设计是否合理、解决问题的方法是否科学等方面进行评价，这时的评价主体可以是生生（也就是其他组对于交流组的评价），也可以是老师对于交流学生的评价。评价方式、评价主体都努力做到多元。

任务二：你能让鱼漂一部分在水面上、一部分在水面下吗？

经历了任务一，学生知道增加配重可以让鱼漂竖直立在水中了，但新的问题又来了：在反复调试配重的过程中，学生发现，配重已经调试到最小数值了，鱼漂却依然全部没入水中，如果再减配重就无法竖直了。这样就出现了第二个任务：你能让鱼漂一部分在水面上、一部分在水面下吗？这个问题不是老师直接给学生的，而是学生在反复实验中自己发现的。

面对新的问题，学生的思维又一次被激活。联系本单元第二课《改变沉浮》，学生知道要使下沉的物体漂浮，就需要增大它的漂浮能力，既然无法改变下面的配重，那就在牙签上再加些漂浮能力强的材料，于是泡沫板又成为学生新的突破口。学生们马上将猜想进行验证。经过反复调试实验，终于完成了第二个任务。

在这一过程中，学生们依然经历了"发现问题—猜想假设—实验验证—形成解释"这一探究全过程。在这一过程中的各个环节，评价依然起到了重要作用："在牙签上加泡沫板可以吗？"对于学生们的假设，老师并没有直接给出评价，而是让学生们通过亲身实践对猜想进行验证，只有学生亲身体验了，感受才是最真的，评价也才是最翔实和最有说服力的，学生才真有收获。当然，学生也是有差异的，并不是全体学生都能够想到在牙签上增加漂浮能力强的材料，在生生互评、师生互评的过程中，学生体会到泡沫板在实验中发挥着重要的作用，这就提醒没有想到用泡沫板的组，给予他们提示与帮助，激发他们继续研究实验的欲望，直至全班学生都能够完成任务。

任务三：你能让鱼漂露出水面的部分为指定高度吗？

经历了任务一、二，学生都可以让鱼漂竖直立在水中，而且一部分在水上、一部分在水下。这时，老师让学生分别测量各自组的鱼漂露出水面的高度，结果每组露出水面的高度都不一样。新的问题又来了：到底露出多好还是少好呢？这个问题学生的观点很不一致，有的认为露的多好，因为岸上的人看得清楚；也有人认为露的少好，因为这样的鱼漂会更灵敏。到底谁说得对呢？这时老师是怎样评价的呢？老师只是对学生敢于表达不同观点给予鼓励，并鼓励学生提出更多不同的看法，但并没有给出正误评判。真理越辩越明，在互相讨论，甚至是争论的过程中，学生逐渐发现，露出多少各有利弊，没有绝对的对与错。

这时老师再适时点拨，实际生活中，鱼的大小不一样、河水深度不一样、风浪大小不一样，所以要根据实际的环境需求调整鱼漂露出水面的高度。于是第三个任务也就随之抛出：你能让鱼漂露出水面的部分为指定高度吗？

前两个任务中，学生一直在调试配重的重量，借鉴前两个任务的经验，其实他们已经隐约发现了一个规律：减少配重，鱼漂露出的多；反之增加配重，鱼漂露出的少。因此学生会很快地通过微调橡皮泥的重量，成功完成第三个任务。在这一过程中，学生们依然经历了"发现问题—猜想假设—实验验证—形成解释"的全过程，但这次的重点是最后形成解释这一环节。在评价方面，不管是小组合作学习中，还是全班交流分享中，学生都会以报告单为载体，对研究结果进行讨论，通过比较各自的结果，检查自己的结论是否正确，分析别人的结论是否科学，自评、他评、师评的多元评价主体都在发挥着作用。

（三）回顾反思，引续科学素养

学生完成了本课的探究任务，最后一两分钟让学生借助学习报告单的记录，回顾整节课的学习，谈谈自己的收获，思考自身表现的优势与不足，这既是一次自我评价的机会，也将推进学生后续的学习与发展。

本节课的核心问题是探究鱼漂在水中的状态与配重有关系。教师设计了三个有层次的探究任务，这样一个循序渐进的设计思路，符合学生对问题由表及里、由浅入深、由现象到本质的认识过程，巧妙地将深奥难懂的物理问题变得生动形象起来，培养了学生解决问题的能力。

在探究活动过程中，实验报告单作为辅助评价载体，采用图文结合的方式设计，学生对实验过程进行记录，利于学生思维的表达与外显，可在课堂中随时进行生生、师生相结合，自评与小组评相结合的过程性评价，评价不仅全面，而且易于操作观察，指标明确，真正实现"教—学—评"一体化。

【教学案例二】《简易的辘轳展示》

根据辘轳的原型,制作一个简易的辘轳,并用简易辘轳提起重物。

要求:

1.能够模拟把"水桶"提起来。

2.测量提起重物的力是多少?在摇柄上的力是多少?

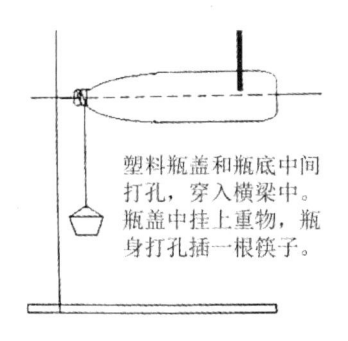

塑料瓶盖和瓶底中间打孔,穿入横梁中。瓶盖中挂上重物,瓶身打孔插一根筷子。

一、评测目标

1.检测学生是否掌握轮轴的作用,是否理解轮轴的原理和在实际生活中的应用。

2.检测测力计的使用是否规范,准确。

3.检测学生动手实践的能力。

二、评测实施

1.上交时间:考试一周后。

2.评分规则

(1)材料易找,使用合理且安全　　5分

(2)可根据原理进行正常工作　　　5分

(3)能将"水桶"提起来　　　　　5分

(4)测力过程规范,准确　　　　　5分

3.评分规则解析

(1)材料易找,使用合理且安全

能够增强学生"科学在我们身边"的意识,检测学生是否能够发现实际生活与科学课堂的联系,鼓励学生在安全的前提下进行实践并创新。

(2)可根据原理进行正常工作(图中作品未能很好地掌握辘轳的工作原理,"水桶"无法工作)

如图所示,检测学生是否掌握了辘轳(轮轴)的工作原理,是否体会到了轮与轴的关系。在理解了原理的基础上能够动手实践,由于材料的多样性,此阶段不要求学生能够将重物提起。

(3)能将"水桶"提起来

此条标准为原题的第一个问题,旨在检测学生是否掌握了轮轴的工作原理。而在实践过程中,轮轴工作原理的掌握应该是分为多层次的,此处问题过于笼统,没有检测出学生掌握知识的程度。因此增加了"评分标准2"。

(4)测力过程规范,准确

检测学生是否能够规范准确地使用测力计,为原题的第2问。

三、实施效果

分组只规定人数,自愿结合,有利于小组关系和谐,保证考试顺利进行。

制作过程为课余时间,避免了课堂组织的混乱,并调动了学生的积极性和主动性。

选择此实验人数共5组16人,其中4组上交作品,1组未上交计0分。

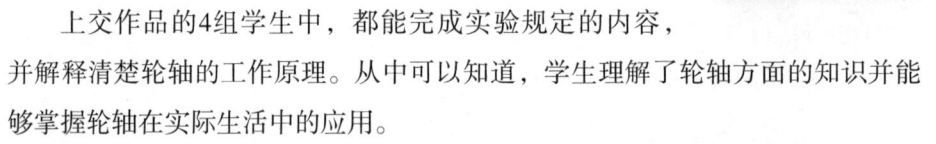

上交作品的4组学生中,都能完成实验规定的内容,并解释清楚轮轴的工作原理。从中可以知道,学生理解了轮轴方面的知识并能够掌握轮轴在实际生活中的应用。

由于学生自主选择实验材料,为测力计的使用增添了难度。但经提示后,均能完成力的测量。

检测目标完成,预期效果基本达到。

四、教学反思

思考顺序：辘轳→哪种简单机械？→轮和轴在哪里？→怎么固定轮轴？→各部分选择什么材料？→预计困难点出在哪里？→动手制作→测试是否能够使用→制作完成。

通过此题的检测，可以明显感受到学生的积极性非常高。从中反映出学生对于实际制作的兴趣浓厚。简单机械方面知识的学习，与生活的结合度很高，非常适合开放式教学。在实验材料的选择上，不能拘泥于现有教具，应将教学与实际生活进行全面紧密的整合。让生活中的工具帮助学生理解机械的原理；再通过机械原理让学生更好地选择工具，利用工具。再通过思维的拓展，让学生根据已有知识，去"发明"工具。在这个过程中去实现我们教学的三维目标。

从此次实验考核的过程中，也可以为我们简单机械的考试提供参考。对于此类知识，我们除了检测学生对于原理类知识的掌握情况，也应注重实际操作方面的考试。这些活动实施起来并不复杂，只要思路正确，引导到位，在不占用课堂时间的基础上也能达到较好的效果，并明显提高了检测的效度。

我们的实验考核，不应只着重于单一知识点的考核，要重视孩子的思维过程和逻辑思考的能力，可以以思维导图的形式将思考步骤具体化，让学生在此过程中体会将知识转化为实物模型的方法。我们的轮轴知识，可以考察辘轳的制作，可以考察门把手的制作，药匙的制作，螺丝刀的制作……然而万变不离其宗，当学生迈出了自主制作的第一步，我们要及时鼓励学生，动手制作动手实践并不难。只要在面对问题时先有逻辑地思考，一步步去实现，就会发现其实这些制作很容易，自己完全有能力达到。

【教学设计】《电磁铁》

一、教学目标

1. 通过本课学习，理解电磁铁的磁力大小与电池的节数、线圈匝数有关系，电池多电磁铁磁力大，线圈匝数多电磁铁磁力大。
2. 经历探究电磁铁磁力大小与电池节数、线圈匝数关系的全过程，根据实验现象，记录、分析数据得出结论，并能交流讨论。
3. 初步具有从多方面分析问题的科学思维方法。

二、教学重难点

教学重点：理解电磁铁的磁力大小与电池节数、线圈匝数有关。

教学难点：从多角度分析解读数据。

三、材料准备

教师演示材料：电脑课件、电磁铁（30圈、55圈）、回形针、电池、电铃等。

学生分组材料：电磁铁（30圈、55圈、80圈）、电池3节、电池盒、回形针一盒、实验记录单等。

四、教学过程

（一）引入新课

1. 谈话：上节课我们认识了电磁铁，知道了电磁铁的构造，研究了电磁铁的性质，想一想，电磁铁是由几部分组成的呢？

学生思考并回答。

预设：铁芯和线圈。

2. 出示电磁铁，一边演示一边讲解：大家的回答真不错，电磁铁是由铁芯和线圈两部分组成的，当用电池的两级接通导线的两端时，电磁铁就具有了磁性。

3. 讲述：这节课，我们继续研究关于电磁铁的问题。（板书课题）

【设计意图】既是对上节课知识的重温与巩固，又展开新的学习内容，为下面猜想电磁铁磁力大小的两个因素做好思维上的铺垫。

（二）自主探究

1.提出问题

①谈话：老师这里有两个电磁铁，下面请两名同学到前面来，分别用电磁铁吸引回形针，比一比，看谁吸的回形针多。

学生争先恐后到前面去进行比赛。

②提问：两个电磁铁吸引的回形针数量一样吗？那你发现什么问题？

学生发现：两个电磁铁吸的回形针数量不一样，不同的电磁铁磁力不同。

【设计意图】以比赛的形式展开学习内容，使学生发现问题，并明确本节课要研究的问题。

2.猜想假设

提问：电磁铁磁力大小可能跟什么有关系呢？

预设：电池节数、线圈圈数、铁芯粗细、铁芯大小……

【设计意图】有了前面的铺垫，学生能够有根据地进行猜测。

3.制定实验方案

①提问：这些只是我们的猜想，事实是不是这样呢？我们有什么好的办法吗？

预设：用实验的方法。

②谈话：大家看，这么多的假设，课堂时间有限，提供的材料也有限，所以我们选择电池节数和线圈圈数这两个因素来研究，其他的猜想留作以后研究。

③提问：实验前我们要制订一个周密的计划，小组讨论一下，你们小组选择哪个因素来证明，怎样设计实验才科学？（课件出示实验方案提示：怎样明确知道电磁铁磁力强弱？需要改变的条件是什么？不改变的条件有哪些？）

学生小组讨论，设计实验方案。

④提问：谁来说说你们组是怎样设计的？

学生汇报实验方案。

⑤谈话：听了这几组的汇报，你觉得你们组的计划需要做一些调整吗？如果需要做调整，那做哪些调整呢？

学生调整实验方案。

⑥提问：你认为实验中测得的数据重要吗？为什么？

学生发表看法。

⑦提问：既然实验数据能直接影响实验结论，有着这么重要的作用，那我们在测量数据时应该怎样做，才能保证数据的准确性呢？

预设：操作时用力不要过猛；及时断电；认真数数……

⑧谈话：除了大家说的注意事项，我再强调几点（课件出示注意事项）。

A. 如果实验过程中出现不吸铁的情况，想一想可能是什么原因，应该怎么办。

B. 将电磁铁在装有回形针的小盒中晃动两三下即可。

C. 实验时不要把电磁铁长时间接在电路中。先断电，再数数。

D. 小组同学要合理分工，通力合作。

【设计意图】教学中注重记录的重要性与测量的准确性，使学生认识到数据可以转化为证据。

4.进行实验

谈话：实验时，小组各位成员要分工合作，认真填写实验记录单，下面让我们开始实验吧！

学生分组实验。

5.交流、讨论、分析实验数据

①谈话：哪组同学想把你们的研究成果与大家分享一下？

学生研究线圈圈数的记录：

线圈圈数	1节
30圈	11个
55圈	18个
80圈	25个

我们的初步结论是：线圈越多，磁力越大。

学生研究电池节数的记录：

电池节数	30圈
1节	11个
2节	16个
3节	20个

我们的初步结论是：电池越多，磁力越大。

②提问：你们的结论一定正确吗？（学生犹豫）科学结论应该是经得起重复验证的。验证线圈圈数的组，你们实验时只用了1节电池，那2节、3节电池是不是也有同样的结果呢？验证电池节数的组，你们只用了30圈的电磁铁做了实验，那55圈、80圈的电磁铁是不是也有同样的结果呢？想不想再试一试？

学生继续分组实验。

③谈话：再把你们的研究结果与大家共同分享吧！

④展台展示学生实验结果。

我们的实验记录

线圈圈数	电池节数		
	1节	2节	3节
30圈			
55圈			
80圈			

⑤提问：从整体上观察你们的记录单，看看你们还能发现什么？

预设：研究线圈圈数的组是纵向分析数据，发现线圈多，磁力大。希望学生能够纵向分析数据，得出电池多，磁力大。

研究电池节数的组是横向分析数据，发现电池多，磁力大。希望学生能够横向分析数据，得出线圈多，磁力大。

⑥课件演示：分析数据的方法有多种多样，可以横向分析，也可以纵向分析。

6.得出结论

小结并板书：电池多，磁力大，电池少，磁力小；线圈多，磁力大，线圈少，磁力小。

【设计意图】横向解读数据的组纵向进行分析；纵向解读数据的组再横向进行分析。一组实验，一张记录单，两种分析方法，得出了两个结论。培养学生从多角度分析解读数据的能力。

（三）巩固延伸

1.出示电铃并讲解：这是电铃，电铃应用了电磁铁。

学生观察电铃。

2.谈话：请一位同学上来将一节电池与电铃连接起来，请大家听一听，电铃响不响呢？

一位学生上前连接电路，其他学生倾听。

3.提问：如果将两节电池与电铃连接起来，会有什么变化吗？

预设：电铃更响了。

4.演示实验：将电铃与两节电池连接，声音比前一次更响了。

5.提问：这说明了什么问题呢？

预设：电池多，磁力大。

6.谈话：其实生活中还有许多地方应用了电磁铁，课下请你接着去研究。

【设计意图】用所学知识解释实际问题，进一步巩固知识。

五、板书设计

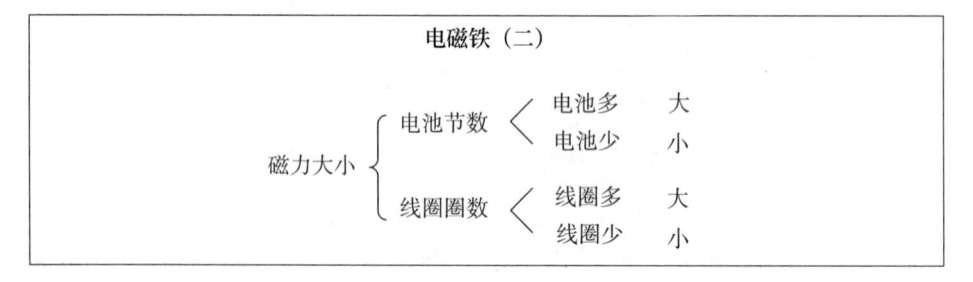

```
                电磁铁（二）

                         ┌ 电池多   大
                ┌ 电池节数┤
                │        └ 电池少   小
        磁力大小┤
                │        ┌ 线圈多   大
                └ 线圈圈数┤
                         └ 线圈少   小
```

六、教学反思

本节课的重点是理解电磁铁磁力强弱与电池节数、线圈圈数的关系。对于教材中的知识点，学生大都能理解和掌握。难点是让学生根据实验现象，记录实验数据，并能尝试用不同的方式分析和解读数据，对现象作合理的解释，并初步具有从多方面看问题的科学思维方法。本课以"一组实验，两种分析"的教学手段为突破口，在以培养学生记录、交流、分析数据的能力为重点的同时，力求让学生尝试用不同的方式（横向和纵向两种）分析和解读数据，让学生能够通过做一组实验，用两种分析方式探究到影响电磁铁磁力强弱因素的两个方面，让学生认识到分析方法的多样性。

在以往的教学中，教师们总是让学生有选择地进行探究活动，一部分学生探究电池电量对电磁铁磁力的影响，另一部分学生探究线圈匝数对电磁铁磁力的影响，然后进行交流。这样，学生做了一个实验，经历了影响电磁铁磁力大小因素的一个方面，另一个方面是通过倾听别组同学的发言得到的。如果采用两个方面都让学生实验探究的方法，一节课又完不成。而以"一组实验、两种分析"的教学手段为突破口，学生通过做一组实验，用两种方式解读数据，就能弥补以上缺憾。

例如研究电池数量与电磁铁磁力大小关系的组，他们先用30圈的电磁铁做了实验，得出初步结论：电池多，电磁铁磁力强；电池少，电磁铁磁力弱。又分别用55圈、80圈的电磁铁进行实验，进一步证实了先前的结论。学生进行了三次实验，实际上横向分析了三次，得出一方面结论。

线圈圈数	电池节数		
	1节	2节	3节
30圈	7	9	12
55圈	13	18	25
80圈	17	19	26

但有些细心的孩子（或在老师指导下）会发现，如果纵向分析数据，实际上就是另外一组研究线圈圈数组所做的实验，从而认识到纵向分析也可以得出另一方面结论。

本节课的另一亮点在于，整节课经历了"提出问题—进行猜想—设计并改进方案—进行实验—分析整理数据—得出结论"这样一个完整的探究过程，在整个活动中，学生就像小科学家那样亲历了科学探究全过程。更为重要的是，在设计中并没有将这一探究过程的所有环节都作为重点，面面俱到，而是突出"分析整理数据"这一环节，将这一点做深做透，既重点突出，又不顾此失彼。

附1：实验记录单

线圈圈数	电池节数		
	1节	2节	3节
30圈			
55圈			
80圈			

我发现：电池节数多，电磁铁磁力_____，电池节数少，电磁铁磁力_____。

我还发现：_____。

附2：学习效果评价

1.学生课堂表现

优	能够积极思考，在教师引导下能正确设计出实验方案，操作规范，能自己总结得出正确结论。懂得合作，善于交流，语言表达准确，逻辑性强。
良	能够在教师引导下设计出实验方案、操作基本规范，能在教师帮助下完成实验得出结论，语言表达基本准确，能够与同伴交流。
及格	不能够设计出实验方案，能听懂他人的方案并进行实验，能在教师帮助下完成实验得出结论，但语言表达不清楚。

2.对数据分析能力

优	能够从两方面分析解读数据，能够得出两个结论。
良	能够在教师引导下从两方面分析解读数据，能在教师指导下得出两方面结论。
及格	只能够单方面分析解读数据，只能得出一方面结论。

第八章　小学科学教师如何利用课堂诊断技术进行教学反思

有人说"教学是一门遗憾的艺术",一直很认同这句话,但也一直对这句话没有什么感觉,因为这么多年真的从来没有如此认真地坐下来观看并研究自己的课堂实录,总将大部分时间、精力用在了课前的构思,或是试讲后的修改完善上,经过几次试讲后就有一种成竹在胸的自信与窃喜,觉得课不错了,行了。这次利用课堂诊断技术来反思教学过程,真真正正体会到"遗憾"的分量有多重,那多年来积累的自信与窃喜已荡然无存,有的是一种发自内心地想再讲一次的冲动与愿望。

一、什么是课堂诊断技术

所谓课堂诊断技术是指观察者带着明确的目的,从真实的课堂情境中收集资料,记录课堂中的师生语言互动,分析、改进教学行为,并做相应研究的一种教育科学研究方法。它有别于传统听课的随意性,强调"观课"的目的性,依据观察角度搜集课堂信息,判断筛选有价值信息并进行整理,根据有价值信息对课堂教学进行反思,提出改进建议,提炼教学经验。

二、课堂诊断技术的应用过程

(一)从课堂收集和记录信息

通过反复观看课堂实录,并将课堂中的信息记录下来,记录的信息包括以下几点。

1.教学结构记录

教学结构,也称教学环节,即把课堂教学过程按照主要的教学内容板块划分成几个大的环节,每个大环节又可以拆分成若干个小环节。

在每个大环节开始之前做标记,如:

△1 ①②③ △2   △3

并对每一个环节记录时间:四位12′23″。

通过这样的板块划分和时间份额的标注,可以获得本节课教学流程的整体概貌和时间分配;初步获知实际教学中教师把主要精力和时间投入在哪里。

2.教师语言记录

把教师问过的所有问题记录下来,然后进行多种角度的再分析,能为教学改进提供建议。可以记录如:提问的数量、提问的认知层次、提问的方式、问题的指向、学生回答的方式、教师理答的方式、问题之间的结构关系、问题之间的思维跨度……其中问题的大小、问题的结构关系、问题的思维跨度和思维空间能够为教学设计提供最直接的建议。

3.学生语言记录

这是一种基于座位表的记录方法。如学生位于第三行第四列,记录为:生34;如学生位于第三组第四个,则记录为:生34,通过座位表记录每位学生与教师的语言沟通,可以反映出一节课当中语言流动的分布情况和分布类型。还可以用向下的箭头表示学生根据教师要求陈述,用向上的箭头表示学生主动发问等。

(二)从学科内容角度做诊断

收集了课堂的各种信息后,就要对着信息进行分析诊断了。下面以我执教一节科学课《光的反射》为例具体阐述。

先来看看师生对话,在我们理想中的(或者是期待中的)师生对话是这样的。

师:这是怎么回事呢?

生1:我是这样认为的……

生2：我是这样想的……

生3：我不同意，我认为……

师：正像大家所说的……

但是套用现在一句很时髦的话：理想很丰满，现实太骨感，这是实际中的师生对话。

师：这是怎么回事呢？

生：嗯，嗯，……

师：谁还有什么看法？

生：……

师：……

下面是《光的反射》一课的部分课堂实录。

师：来，你说一说。

生：就是……

师：哎，我看看你们谁没有看着前面大屏幕啊？

生：当我拿那个激光笔从这个方位照的时候，正好照在这个点上的时候，它就可以反射到这里。

师：你们是这样做的吗？

生：是。

师：全是。那我想问问大家，这条线，我问你这条线是什么？

生：是激光射的。

师：先射在镜子上的这条线，是吗？那它的方向是向着哪边的？

师：向着镜子这边的，是吗？

生：是。

师：那我们如果给它加个箭头你觉得应该怎么加？来给它加上。

师：就在这条直线上画箭头就行了。从哪边往哪边画呢？

师：对，往这画，对！

师：那这条直线表示什么啊？

生：这条直线表示的是从镜子里反射到目标的那个线。

师：那你画一画方向。同学们看一看她画得正确吗？

师：对吗？你们是这样想的吗？

生：是。

师：那也就是说激光笔从这发出一束光线，到达镜子以后，这条光线怎么样了？

生：反射。

师：也就是改变了方向，是不是？向这个方向射去了，然后中了靶心。

可以看出，老师的话很多，学生的话却很少，而且还有几个是随声附和的"是"，这样的情形一直到最后也没有改观，占据了整个课堂实录的绝大部分。

根据课堂诊断技术，笔者将学生的发言做了统计，除去那些类似于是、对、好等的反射性的回答，学生有价值的交流汇报极少。

透过现象看本质。记录的信息显示了这节课的缺陷，但这种缺陷的症结到底在哪里？我们经常会把学生回答问题不积极，说不到点上等原因归结为学生不给劲。但到底学生为什么不给劲呢？这些都并没有认真思考过。笔者曾经分析了几种原因，可能是老师提问不恰当；或是教师指导不到位；抑或是教学内容过难，学生接受起来有困难？但这些原因都是凭以往经验或是凭空想象的，并没有有效统计数据作为依托，难以让人信服。

利用课堂诊断技术，可以将教学实录中的每一个大环节，包括每一个大环节中的小环节所用的时间都统计出来，例如实验一这个大环节就包含了实验前的指导、学生实验、汇报交流、得出结论等小环节，把每一个环节所用的时间都统计出来，再分析所用时间的合理性，来诊断这节课，发现问题症结所在，是教学时间分配不合理，导致学生不给劲，影响了教学效果。

（三）从学生学习角度做反思

关键症结找到了，但这又是什么原因造成的呢？经过认真分析，总结了四点原因。

1.教学指导——详略失当

教师在教学中，对内容"详"或"略"的处理，要做到最优化组合。哪些该讲，哪些不该讲；哪些多讲，哪些少讲；哪些先讲，哪些后讲；哪些点上讲，哪些面上讲，都是应该通盘考虑、认真推敲的。

但看看课堂实录的时间统计，就可知教师在指导方面的时间安排很不合理，该详细的没多讲，该简略的也没有少说。比较突出的是两个实验。让我们先来看看实验所用的时间。

分组实验一
教师讲解实验方法：2分37秒
学生分组实验：3分40秒
师生交流讨论：5分44秒

分组实验二
教师讲解实验方法：3分45秒
学生分组实验：4分25秒
师生交流讨论：6分49秒

这是两个有一定难度且有联系的实验，实验一是基础，实验二的方法与实验一是相同的，只是数量较实验一有所增加。只有实验一掌握了，实验二才能顺利进行。再分析一下时间分配：实验一教师讲解实验方法用了2分37秒，实验二教师讲解实验方法却用了3分45秒，明显实验二的讲解时间过多了，因为实验方法是一样的，只需稍加提示就可以了。为什么教师在实验二的讲解却用了那么长的时间呢？原因是教师在实验一时并没有使学生完全明白实验方法，学生在懵懵懂懂的状态下就开始实验，而实验的时间教师只给了短短的3分40秒，学生刚摸索出怎样实验，还没来得及思考，教师就叫停了。这直接导致汇报时，学生的思维陷入局限，用通俗的话说就是总也说不到点上，磕磕绊绊用了5分44秒才勉强达到教师预设的程度。分析实验一，教师在讲解实验方法时没有讲清，实验时间又太短，学生在实验过程中只匆忙进行了操作，没有进行相应的思维活动，所以交流汇报环节举步维艰，归根结底的原因在于学生实验时间过短。教师在进行实验二时，并没有找到症结所在，认为学生汇报时的不顺利是没有理解实验方法，白白用了3分40秒的时间讲解实验方法，时间不够了怎么办？又只能靠压缩实验时间来弥补，用4分25秒来完成难度是实验一两倍的实验二，结果当然可想而知。

2.教学内容——顾此失彼

本节课的重点是认识光的反射现象，还有一个延伸知识：认识反射光线也是沿直线传播的。为了让学生理解这个延伸知识，教师做了个演示实验——在激光笔经过的线路上，用板擦拍击面粉，就会清晰地看见一条直的光线。其实这个实验难度并不大，效果也很明显，所以不会占用过多时间。但教师为了吸引学生的眼球，达到调节气氛的作用，故作神秘，迟迟疑疑，结果这个简单的实验却用了5分25秒，耽误了太多的时间。

拓展要有度，老师要科学把握知识外延，点到为止必须把主要精力放在深入理解和把握重点内容上，不能顾此失彼。

3.教学思想——瞻前顾后

现代教学思想强调以学生为本，要充分发挥学生的积极性、主动性、创造性，要避免教师按照自己的思路，牵着学生鼻子走。但强调学生为本，绝非否定教师的主导作用，绝不是对学生的不合理想法和行为置之不理、任其发展。

本课教师在让学生描述如何画出光的线路图时，接连叫了3名学生发言，但学生都答非所问，说了半天不知所云，看来学生真的没有好的方法。此时教师可以将方法直接教给学生了，但又怕有讲解过多的嫌疑，故而一个劲引导，最后用了4分32秒才将这个疑难解决，浪费了大量时间。还有研究反射光线也是沿直线传播这一概念时，一名学生说了半天用激光笔啊，红外线啊，车灯啊，越来越跑题，教师又畏手畏脚，并没有及时制止，使教学内容越来越远离教学目标，学生的思维也一次次被引向歪路，耗费了2分多钟直到学生说完。

作为课堂引导者的教师，要把握好"牵引"和"对话"之间的度，在能够引发学生思维处一定要放，让学生充分合作、探究、交流，但当学生思维脱离轨道，信马由缰时，就需要教师对偏离、妨碍教学活动的事件进行干预，指导学生围绕主要问题收集加工和处理相关信息，只有这样才能统筹时间，提高40分钟的实用价值。

4.教学语言——拖泥带水

作为教师，语言是我们和学生沟通的一个桥梁，语言的简练与否，准确与否，生动与否，都影响着我们的教学效果。就笔者而言，教学语言一直是为之自豪的地方，总认为自己的语言抑扬顿挫，富有感染力，又有亲和力，能很好地调动学生，让学生想听、爱听。但看了录像，做了课堂实录后，优越感烟消云散，语言不够纯净，课堂上经常用"好了""那么""我问问大家"等口头禅，一个提问也经常重复、啰唆，教学语言拖泥带水，大大降低了表达的效果，白白浪费了教学时间。要使自己的教学语言清楚明白、通俗易懂，就必须清除自己口语中的杂质，对语言进行加工、改造，对教案烂熟于心，还要锤炼自己的语言，做到简练、准确、生动。

有人说：教学是课前构思与实际教学之间的反复对话。通过利用课堂诊断技术，分析教学过程的活动，笔者发现教学更是一次次实践之后的对比、反思、提升。只要我们能够利用这种诊断技术对多节课进行技术性分析并进行教学反思，一定能够对今后的教学行为提供很好的参考与裨益，一定能够大大提高自己的教学能力。

下面是课堂实录：

一、问题导入——承前启后

师：同学们，你们都玩过打靶游戏吗？

生：玩过。

师：那，我这也有一个靶子，不过，今天我们打靶游戏呀不用玩具枪，用什么呢？用光来打靶。谁能打中靶心？

（生举手）

师：你行？来！拿你那个。看看他能不能打中靶心。

师：站在那就行了。

生：用激光笔打靶，射击两次。

生：哈哈哈。

师：打中了吗？

生：打中了。

师：第一下没打中，是不是。好！再打一次！

师：我还看他瞄了瞄。那我想问问你，你是怎样尝试着打中靶心的？

生：瞄准。

师：怎么瞄？

（生眯眼做瞄准状）

师：我确实看到他正在瞄。那你是应用了什么样的科学知识来打中靶心的？

生：……

师：为什么要瞄呢？谁能来帮帮他？好你请坐。

师：孩子，你来说。

生：光沿直线传播，如果你的激光笔或者枪与靶心能成为一条直线就一定

169

能打中。

师：他说应用了光是沿直线传播这个科学知识。只要激光笔与靶心成为一条直线，瞄一瞄就能打中靶心。是吗？真好。

二、问题延续——建构光的反射概念

1.指名间接打靶，感知光的反射

师：那我要加大难度，这回打靶呀，不许用激光笔直接对着靶心，而要朝着另外一个方向。

师：不能这样，要朝向另外一个方向，还能打中靶心。能做到吗？

生：能。

师：你的手为什么不举起来呢？好刘铭一说说，你打算怎样做？

生：我准备把那个激光笔的光对着镜子、朝着电视。

师：打在这块，是吗？

生：是。

师：电视上，然后呢？

生：然后再打在那块。

师：也就是说激光笔的光打在这之后，它怎么样？

生：反射。

师：反射，也就是光线会到那去，是吗？

师：你还有一种？你说。

生：照那头反射。

师：照那上，然后也是。

生：瞄准那边的靶心。

师：哦，瞄准那边的靶心，然后能打到这来。不过我们的激光笔没有那么大的射程，确实效果没有那么好。

师：那如果要打在这，同学们想一想，效果会好吗？

生：不好。

师：那能不能换一种东西？

生：镜子。

师：换镜子？

生：镜片。

师：镜子，我还真为同学们准备了镜子，谁想来试一试？来，齐宗宝，来。

师：拿着镜子，近一点。

师：怎么样，能打到吗？

生：能。

师：好，真的能打到。

师：好，你是怎样做的？同学们仔细看清楚。镜子怎么搁的？

生：这么拿着。

师：这样拿着？然后？

生：然后笔对着这个镜子，找一下，先打一下，瞄准一下，然后……

师：哦，也要瞄准一下，怎么瞄的？

生：试，先试试。

师：这回瞄不准了，哎，还真行，是不是。好，回去吧！

师：我想问问大家，为什么我们用激光笔的光线打在镜子上，却能到达那边的靶心呢？想过吗？

师：光会……

生：反射。

师：是吗？那什么叫光的反射呢？反弹回去了？

师：光先是打在了镜子上，对吧？我们说光是沿直线传播的，但是直线传播的过程中碰到镜子了，它还能不能沿着原来的那个方向继续前进呢？

生：不能。

师：不行了，是吗？

2.分组间接打靶，认识光的反射

师：那这只是同学们的猜测，一个实验也说明不了问题，那你们想不想每个同学都做个打靶游戏啊？

生：想。

师：如果都能够命中靶心，看来就真可能像同学们说的那样。

师：好，那下面同学们看一看，我们应该怎样实验呢？

171

师：请小组长把我们材料底下第一张白纸翻过来。

师：同学们看一看这张记录单。

师：首先请同学们按照记录单上所标示的，把材料放在相应的位置上。

师：这是目标位，这是平面镜。放好，看知道不知道哪个是平面镜，哪个是目标？

师：放好了吗？然后这一侧在此范围进行射击，看见了吗？也就是说激光笔要放在哪儿？放在大致这个区域内，向哪射击？向平面镜。

师：仔细观察平面镜，上面有什么？

生：小黑圈。

师：是不是，打在小黑圈的范围。然后目标靶位中心也有一个小黑圈，我的要求，听：实验的时候一定不能移动平面镜，也不要动靶位。明白了吗？

师：好，还有一个需要同学们注意的：当你已经命中靶心之后，画出光的传播路线。画在哪呢？就这张白纸，画在记录一的白纸上。

师：明白了吗？好！开始！

（生分组实验）

师：好，孩子们。哪组同学愿意到前面来与同学们分享你们组的研究成果呀？

师：其他组呢？来！你来。拿着你的记录单。

师：你来说一说。

生：就是……

师：哎，我看看你们谁没有看着前面大屏幕啊？

生：当我拿那个激光笔从这个方位照的时候，正好照在这个点上的时候，它就可以反射到这里。

师：你们是这样做的吗？

生：是。

师：全是。那我想问问大家，这条线，我问你这条线是什么？

生：是激光射的。

师：先射在镜子上的这条线，是吗？那它的方向是向着哪边的？

师：向着镜子这边的，是吗？

生：是。

师：那我们如果给它加个箭头你觉得应该怎么加？来给它加上。

师：就在这条直线上画箭头就行了。从哪边往哪边画呢？

师：对，往这画，对！

师：那这条直线表示什么啊？

生：这条直线表示的是从镜子里反射到目标的那个线。

师：那你画一画方向。同学们看一看她画得正确吗？

师：对吗？你们是这样想的吗？

生：是。

师：那也就是说激光笔从这发出一束光线，到达镜子以后，这条光线怎么样了？

生：反射。

师：也就是改变了方向，是不是？向这个方向射去了，然后中了靶心。

师：那我觉得你们这个组画的这个路线图还真好。你有什么方法吗？或者说诀窍？

生：做完实验之后，把这个往下放，拿尺子比着。

师：把这个笔往下放，是吗？

生：对，然后看这个圆点，看着这个圆点在哪，就把尺子放在这个范围内，让一个同学负责帮忙，把尺子摆好，然后另一个同学画线。

师：看来，他们这个组分工合作做得非常成功。有人照，有人拿尺子，有人画，是不是？分工非常清楚。刚才我发现有的组还互相埋怨。

师：好，回去。其他组还想上前边来说一说吗？哪组想来？

师：今天我发现同学们有点不敢举手啊？没关系到前面来说一说。来，张梓缘说。来，快一点啊。

师：你们组的做法跟他们一样吗？

生：差不多吧，一个人把尺子放在这块，光打在这块的时候，就反射到这块。然后拿尺子画。

师：嗯，不过我刚才看见你们这有一个点，我想问问你这个点是怎么回事？

师：为什么要画一个点呢？

生：因为画歪了。

师：因为画歪了是吗？哦，回去。看来他们的想法跟刚才那组是一样的，他们也没有画光线的方向。再画的时候一定要画出光的方向。

师：刚才，同学们在实验的过程中都发现了当光打到平面镜以后，怎么样了？

生：反射了。

师：改变了传播的方向，回来了，向着另一个方向去了，是这样吗？

生：嗯。

师：不过刚才我发现有些同学在画线路图的时候有点困难，是不是？比来比去不知道怎么画。

师：现在老师告诉你一个好方法，让你一下子就能画出光的路线图。

师：同学们看，这是目标位，这是不是有一个点呀？那这个点你可以怎样？直接画在这，是不是？

师：这个镜子呢？平面镜这也有一个点，我们画在纸上这个位置，然后实际上我们要找哪个点啊？

生：射击位置。

师：射击的那个点。是不是？当我们用这样的射击方向时，你也点一个点。然后把这三个点怎样？

生：连起来。

师：连起来就行了。这样方便不？

生：方便。

3.反射光线可视化，建立光的反射概念

师：好了，同学们你们都认为光打到平面镜以后会改变方向，向着另外一个方向反射回去。是吗？

生：是。

师：那我想问问大家，你亲眼看见那条光线真的返回来了吗？亲眼看见了吗？

生：看见了。

师：啊？亲眼看见那条光线，是吗？

生：不是。

师：只是最后有一个光点，在那。那你想不想亲眼看见那条光线啊？想不想？

生：想。

师：那我得请一个同学来帮忙了。谁来？

生：我。

师：来，你来。

师：我还得请一个同学来帮忙。来，夏祯来。

师：你拿着它，站在这个位置。来来来，站在这个位置，一会儿用激光笔照射它，行吗？

师：来，夏祯。我这有一些神秘的粉末，像我一样沾一些粉末。

师：来你站起来说，不要打断别人的思路好吗？来，你站起来说说。你想到什么了，看着我？

师：来说吧。你既然坐在那一个劲地想说，站起来又不敢说，说说。

生：红外线在这时候就很容易看出来了。

师：是吗？你有这个经验吗？

生：有。

师：那你是什么时候有这经验的？

生：在电视上看到的。

生：还有车灯。

师：车灯在什么情况下能看到？

生：在有雾的情况下就看到了这种现象。

师：刘铭一也想说，你来。

生：我亲自体验过。我在海边曾买了一个激光笔，晚上时，空气挺潮湿的，一照就能看见。

师：真不错。

师：孩子们来帮老师的忙，你用激光笔照射平面镜。我还要请另外一位同学帮忙，用板擦蘸一些神秘粉末，像我一样来拍击板擦。大家看到什么了？

生：看见光线了。

师：好，谢谢孩子们。

师：这回是不是亲眼看到光线确实打到镜子以后改变了原来的传播方向，返回来了？

师：那你们刚才看到返回的那条线是什么线？

生：直线。

师：也是直线。那这说明什么？

生：返回去的光也是沿着直线传播的。

师：（讲解并板书）当光照在平面镜上，会改变原来的传播方向而返回来，在科学上就管这种现象叫光的反射。

师：这条光线叫入射光线，你能不能给返回的这条光线起个名字？

生：反射光线。

师：对，叫反射光线，而且反射光线也是沿直线传播的。

三、问题延伸——发现光的反射规律

1.分组移动打靶：感受光的反射是有规律的

师：刚才我发现同学们在做打靶游戏的时候试了好多次，才最终打中靶心，这次我想再提高难度，让你打移动靶心。那有同学说了，刚才打一个靶还试了半天呢，如果要打更多的靶，是不是得费好多劲呢？看来，光的反射还是有一定规律的，只要你在试的过程中发现这个规律，就能够大大提高打靶的速度。想不想找到这个规律啊？

生：想。

师：那我们就一边打靶，一边找规律。

师：请同学们拿出记录单二，按记录单二上所画的位置摆放镜子与目标物；还是不能移动镜子，把目标物分别移动到1、2、3的位置处，并在规定范围内进行射击；成功射中目标范围后，把光如何传播的路线画出来，刚才我们已经找到了画线路图的方法，就是画点，目标处的点可以直接画，平面镜上的点也可以直接画，实际上你只要找到发射的点就行了。这次的要求是观察并分析光的路线图，看看你有什么发现？能不能发现光反射的规律。

（生活动）

2.小组汇报，尝试解释反射规律

师：哪组同学愿意到前面来与同学们分享你们的研究成果？过程就不用说了，说一说你们组发现了什么？

生：激光笔的位置越低，反射的也就越低。

生：从不同的位置照射同一个点，反射的位置也不一样。

生：射击的那一点与目标的点是平行的。

师：是平行还是平？

生：是平的。

师：还有什么发现吗？

生：通过刚才这组和那组的，我发现激光笔放置的位置虽然不一样，但都能射到那三个点。

师：也就是说入射光线的位置改变了，那么反射光线的位置也会随着改变。

3.反射现象可视化，强化光的反射概念及反射规律

师：我这里还有一个宝贝，这样我们可以清晰地观察到那两条光线。（出示教具：水槽底部放置一面平面镜，水槽中加入茶水，用激光笔照射）改变入射光线，反射光线怎样了？你还发现什么？

生：我发现光照得越垂直于水面，反射的角度就越小。

四、问题拓展——联系具体事例，渗透其他物体也能反射光

师：今天我们学习了光的反射，假如我用激光笔不照射在平面镜上，而是照在一张纸上，或者照在一片树叶上，或者照在一个硬纸板上，那你觉得光还反射不反射？

生：不反射。

师：都认为不反射吗？

生：绝不反射。

师：那我问问大家，月亮为什么那么明亮啊？

生：反射太阳的光。

师：反射的太阳的光。但是月亮上是像平面镜这样吗？

生：不是。

师：月亮上有环形山，那月亮能不能反射啊？

生：能。

师：那我刚才说光照在纸上、树叶上能不能反射呢？

生：能/不能。

师：到底光照在别的物体上能不能反射，我们下节课接着学习。

【教学案例一】《折报纸》

真正的合作，高效地学习

通过对《折报纸》（课堂实录见文后）课堂诊断，发现本节课中缺失了合作学习的环节。有趣的是，即使缺失合作环节，课堂气氛与学生对知识的接纳程度与之以往相比并无太大差别。我们可以把这个问题看成一次对比实验，变量是"有无设计合作环节"，而结果是一样的。这证明我们以往为学生设计的"合作"对学生的影响微乎其微。既然如此，难道我们的合作环节形同虚设吗？当然不是。这或许是我们对于"合作"的定义过于片面和肤浅了。

在科学学科当中，培养学生合作探究的能力是一个重要的目标。由于时间的限制以及课程进度的要求，一些科学探究往往只能草草收场。而对于学生合作能力的培养和课堂知识的延伸，我们有很多自己的想法无法得到实施，被迫放弃。在一次次和时间的妥协当中，学生或许学到了知识，掌握了技能，但在合作能力上，又得到何种程度的培养呢？

我们一直都在说要提升学生的合作能力。如何提升？如何让孩子运用自己的合作能力来帮助他们的学习呢？以下是笔者的一些想法。

一、在有难度的问题中，提升学生的合作能力

现在的学生视野比较开阔，能够独立思考。但缺少合作的能力。我们常规意义上认为，课堂上"合作"能力的体现与培养，就是让几个学生一组，合作完成某项任务。而由于课堂教学时间的限制，我们一般就是布置给学生某些简

单的任务，让学生去完成。而真正的合作应当是一个完整的流程。如果一组学生是一个团队，那么学生在合作完成任务的过程中，至少要包括主题制定、方案讨论、团队分工、技术难点突破、完成任务这几个环节。当学生接受的任务过于简单时，例如让四年级学生合作解剖一朵花，虽然也可以体现出这些合作的过程，但是对于培养学生合作能力起到的作用并不大。因为这样的合作活动一到两个人足以完成，而我们课堂上往往四至六名同学一个小组，那么剩下的四名同学是否得到了充足的训练和培养呢？或者说如果这项任务是两名同学完成的，那么这个组的孩子们在"合作"这项能力上又是否可以过关。即便是每个人都动手，各司其职，但一定有孩子被分配到特别简单的任务，如数花瓣的数量。那么在数花瓣前，他在做什么？数花瓣这件事又有多大的训练价值？由于任务简单，最终往往会得到一个所有组都顺利完成任务的结论，孩子的自信在一定程度上可以得到提升。但是提升的程度到底是多少？就像让一个六年级的孩子算10以内的整除，他都答对了，你在评价时夸奖他，他就真的建立自信了吗？

其实这次进行分析的录像课，学生对于探究的热情很浓烈，只是这种"探究"不是基于"合作"的基础上。而形成鲜明对比的是，本学期在进行学科实践活动时，三年级动物骨骼模型的制作，四年级的热气球探究，六年级的"鸡蛋撞地球"体验赛，都体现出了学生在以往课堂上从未表现出的对于合作探究的热忱。

那是平时课堂的知识吸引力不够吗？这些活动都是从课堂知识延伸而来，科学的课堂也并非是读理论背定义，有大量的实验和探究。但是在进行这些实验和探究时，所选择的方式和难度真的适合学生吗？课堂上的合作又起到多大的作用？这是通过学科实践课程带给笔者最大的反思。我们的课堂教学目标，一直都有学生合作能力的培养，而这种能力的培养，并不是大家机械地运动，然后堆砌出一个结果所能够达到的。任务的难度，分工的合理性，学生的参与性，这些对于合作探究来说，同等重要。

因此，笔者觉得科学探究的任务要有一定的难度。当然，这个难度要控制在一定的范围内，最理想的难度就是稍高于学生现有的最大能力，在活动过程中教师可以适当指导。当学生完成这样的任务时，那种自信和满足，不需要教师的夸奖，也要远远超过"数花瓣"带给他们的乐趣。

二、运用自己的合作能力来学习知识

1.让学生自行制定策略，独立思考，运用合作能力提高学习效率

如果小组成员配合默契，合作学习就有一个显而易见的好处，那就是在学习某些需要反复记录观察或观察内容较多的知识时，可以大量地减少时间，提高效率。如在做"比较磁铁中间和两极哪部分磁性强"时，三个人一组，同时数三个部位吸附曲别针数量的速度，肯定比一个人分别数的速度要快得多。但是这样的合作方法应当是孩子自己提出的，有时我们老师们会为了节省时间而直接告诉学生策略，或者简单启发，说出方法。当换一种形式或内容时，部分学生还是会显得手足无措。这时，所谓的高效率其实也就相当于学生按照老师的指令进行操作，合作缺少了真正的核心，那就是学生的独立思考。

万事开头难，让孩子利用合作能力来帮助他们学习知识，那么合作学习的策略一定是孩子自己制定的，我们可以稍作启发，但绝不能过多引导。我们需要给孩子充足的时间，也许在学习《磁铁的性质》时我们可以多加一课时，第一课时我们留出20到30分钟，不做任何提示，就让学生以小组为单位制定策略，并进行充分的交流，把制定过程中自己的思路、想法、感受充分分享。那么在进行后面的教学时，一旦学生有了制定方案的思路，真正的高效率就可以显现出来了。并且这样一来，也真正做到了授之以渔，当孩子遇到其他问题需要解决时，也开辟了一条新的思路。

2.在合作学习中充分锻炼，培养学习的信心

在以往分组合作过程中往往存在着一种现象：组长或某位成员负责了绝大部分工作，即小组的大脑或绝对核心。这些学生基本上就是平常那些优秀的学生。而其他同学呢？不思考，听指挥，甚至有时会插科打诨，破坏纪律。而我们的目标显然是面向全体学生的，那么这个问题如何解决呢？

其实方法很简单，每一节课，坚持让学生运用合作能力。注意，这里说的是运用，而不是说为学生安排合作环节。几乎所有科学课的内容都可以应用到此种方法。根据教学内容，让学生自行分组分工。而为了保证分工的合理和多样性，达到锻炼学生的目的，要规定学生每节课每个人负责的工作不能重复。

这又可以细分成连续多节课的分工，和同一节课的不同环节的分工。

假设A同学平时较优秀，B同学较一般。在学习《声音的产生》时，第一个环节由A同学制定方案，记录，并负责汇报，B同学负责摆放及敲响音叉；在放入水中时，再由B同学负责记录，A同学负责敲响音叉。

在下一节学习《声音的变化》时，由B同学制定方案，记录并汇报，A同学进行操作。由于同一小组之间存在一荣俱荣的关系，那么此时若B同学存在问题，将会在制定方案和汇报环节完全暴露出来，这就使得A、B两名同学必须充分交流。久而久之，合作氛围形成，B同学的学习能力也将有所提高。

在教学中，我们要杜绝为了合作而合作的现象。让合作在课堂中真正起到作用，在有困难的问题中提升学生的合作能力，并让这种能力帮助他们学习，这才是进行合作学习的目的。如果您不能确定以往的教学中，合作是否发挥了功能，不妨也来进行一次对比试验，上一节类似"折报纸"的课程，不安排合作环节，看一看学习效果是否存在差别。

下面是课堂实录：

师：上课！

生：起立，老师您好！

师：同学们好，请坐。老师手里拿着的是什么啊？

生：报纸。

师：你知道怎么把报纸对折吗？

生：知道。

师：怎么折啊？

生1：沿着中间折。

师：从中间折，使两边完全重合。是吧？两部分完全重合叫对折。

师演示：我这样折叫竖着对折。

师演示：那这样呢？

生：横着对折。

师演示：那现在老师将手中的报纸横着对折一下，老师现在说，沿着刚才老师对折的方向再对折一次，应该怎么折啊？

生：横着/竖着。

师：是不是还要横着对折啊？

生：对。

师举着报纸：这叫沿同一方向再对折一次。现在啊，拿出你手中的这张小报纸。

生拿报纸。

师举着报纸：你沿着你喜欢的方向，将报纸对折一次。可以竖着对折，也可以横着对折。

生对折报纸。

师：看谁折得又整齐又迅速，折完之后，（举起报纸示意）拿起来，告诉老师你折好了。

大部分学生举起折好的报纸。

师：看看啊，大多数同学都已经折好啦，我们再等一会儿。

师：非常好啊，大家折得都很齐，现在老师说啊，沿着刚才对折的方向再对折一次。折完之后（举纸示意）拿在手里，告诉老师。

师巡视：非常好啊，来，咱们看生1这个。

师拿起生1折的报纸。

师：来，你起立。你是怎么折的？竖着折的还是横着折的？

生1：我是竖着对折的。

师将报纸摊开示意。

师：你是竖着对折的，然后沿刚才的方向再对折一次，你是怎么折的？

生1：呃……横着折的。（自己笑）

师问大家：她这个折法对吗？

生：不对。

师示范：再对折一次是不是应当这样折啊？

生：对。

师：来啊，检查你手里边，谁没折对。

师拿起生2的报纸：我们来看看他这个啊。（示范）第一步，他是怎么对折的？

生：横着。

师：横着对折的是吧？然后沿刚才对折的方向再对折一次。他折得对不对？

生：对。

师：好啊，来，放下。看来大家啊，都已经学会对折的方法了。现在，老师问你们，你们觉得这张小报纸，你如果对折一次之后，再沿着原来的方向再对折一次，周而复始，你认为它可以对折几次？

生思考，师停顿。

师：你认为它一共能这样对折几次？

生3：四次。

师：生3说四次，有没有觉得比生3折得多的？来，你。

生4：五次。

师：五次，还有更多的吗？来生5。

生5：六次。

师：生5说六次，还有更多的吗？

生6：七次。

师：来啊，把你认为你能折多少次，写在你的记录单上。

师示范记录：一张小报纸，你猜想可以对折多少次，就填在第一个格中，现在开始填。

师巡视，单独辅导：你想写几次，就写一个数字。

师：现在老师听你们说得最多的是生6，说七次，是吗？现在啊，拿起你手中的报纸，来验证一下我们的猜想。沿着同一方向看看你能折多少次。现在开始！

师巡视，单独辅导。生折报纸。

师：自己数着啊，自己折了多少次。折好了你就坐好，折好了你就把东西放好。

师：看啊。还有几个同学，我们等一下。

师单独辅导。

师：来啊，好停。生1，对折了多少次？

【教学案例二】《我们衣服的材料》

从学生回答表现分析反思对学生思维能力的培养

在设计并完成了《我们衣服的材料》的研究课教学后。利用课堂诊断的方法对本课教学进行了分析和思考。

教师不应该仅仅地横向比较每一节课中教师预设、学生思维以及策略和改进等短时问题，更应该纵向去提炼和总结我们在已经完成的教学生涯中遇到的问题、生成的策略、积累的经验。

笔者针对孩子在回答与汇报过程中的表现，以《我们的衣服材料》为例，对常见的思维表现问题进行分类和分析。

一、常见的回答分类

根据学生回答情况，笔者将学生的回答分为三大类。

1.准确回答

准确回答就是学生的回答在知识与表达的准确性上，都基本达到了教师的预期。

2.非准确回答

根据学生回答的不同情况，分为下面几类：

所问非所答	联想式
	哗众取宠式
赘述式回答	逻辑混乱式
	表达混乱式
	无效语句
重复式回答	问题重复式
	同学重复式

非准确回答是指学生在表达过程中，未体现明显的知识、理解或表达错误。这其中分为两种情况，即："回答与提问之间有正确逻辑痕迹，但不准确"；"回

答与提问之间无关"。

后者常常被我们归类为错误回答，实则这与知识、理解或表达错误之间有着明显的区别。当学生出现联想式或哗众取宠式回答时，我们是无法根据学生的回答内容来判断学生的学习程度的。此时需要先厘清学生动机，引导学生回归课堂，再进一步了解学生的知识获得情况，因此将其分类为"非准确回答"。

3.错误回答

错误回答包括知识错误、理解错误和表达错误。

错误回答相比非准确性回答，孩子在思考问题时，所调取的知识、进行的理解出现了明显的错误。此时孩子与教师预设之间，出现了方向性的错误，即真正的完全不沾边。

二、分类问题举例与归因

由于正确回答和错误回答比较容易判断，以下就对学生思维表现较突出的所问非所答和赘述式回答进行说明。

问题举例：通过刚才的实验，你发现了什么？你打算选择哪种布料作为校服材料？

准确回答：在研究中我发现，不同的布料在吸水性、弹性、透光性方面存在着差异。其中××在各方面综合表现最好，所以我选择××。

（一）答非所问式回答

表现：学生回答与教师提问之间无逻辑联系，但无法从回答中判断学生的知识获取情况。

1.联想式回答

问题举例：通过刚才的实验，你发现了什么？你打算选择哪种布料作为校服材料？

联想式回答

（1）我之前在书上看到过，有的布一点都不吸水，用它做校服最好。

（2）我们做了几个实验，但我想知道这些布能不能燃烧。

（3）我校服的布料也能拉得很大。

解释：从学生的回答中不能看出学生是否对实验过程和问题产生错误反馈，

由于问题设置完全在学生的理解范围内，基本排除产生理解错误的可能。

归因：学生不知道要按照问题的指向性进行回答，即教师口中常说的"你看看老师问的什么！"。学生根据自己的发散思维，进行了联想式的回答。

对于这类回答，教师应该进行这样的训练：

回答前，让学生默读一下问题。

提示学生再读一次问题，并按要求回答。此时可请回答者或其他同学再回答一次，对"答即所问"的同学进行代币或语言的奖励。重复两周，逐步减少奖励次数。

若问题较严重，可选择一周或半周的时间，在每一节课利用10分钟，进行指向性回答训练。即教师提问题，学生有指向性地问答。

2.哗众取宠式回答

问题举例：通过刚才的实验，你发现了什么？你打算选择哪种布料作为校服材料？

哗众取宠式回答

（1）老师，我觉得就不应该做校服，大家一起光屁股。（硬编笑话）

（2）老师，××要拿这个做条裙子。（学生会根据实际发生的情况进行即兴创作）

解释：学生出现此类问题，我们常规理解为博取关注，并用反问式语句进行教育（如：你觉得上课是开玩笑吗？），往往在日后教学中收效甚微。反问式常常给学生造成心理上的威慑，而并非让其对课堂的理解有显著提升。

归因：对课堂缺乏敬畏之心；无法区分"轻松"与"随意"之间的差别。

对于这类回答，教师应该进行这样的训练：

强调课堂可以轻松，但不能随意。具体表现为我们的说话语气、坐姿、实验态度等等。（此时可用语气举例，学生能明显感觉到两者之间的差别）

对反复出现此问题的学生，进行课下教育。慎用"你应该认真"之类的模糊词汇，而应就具体实例为学生做出分析，明确他暂时不具备上课的能力。这个过程也许需要一直重复，其实是学生与教师之间耐心的比拼。

德育与教学合作问题，会在之后陆续展开。

（二）赘述式回答

表现：学生回答与问题之间有正确的因果联系，能够从学生的表达中感知学生对知识与技能的正确理解。但存在逻辑顺序、表述方面的问题。

逻辑混乱式回答

问题举例：通过刚才的实验，你发现了什么？你打算选择哪种布料作为校服材料？

逻辑混乱式回答

（1）1号布料吸水性特别好，2号布料弹性特别差，3号布料几乎完全透光，而1号布料就不透光……（未建立同性质比较思维，因此回答时无方向顺序，造成表述时的逻辑混乱。）

（2）1号布料吸水性特别好，弹性一般，所以我们选择1号布料。（通过学生填写的资料及讨论过程，可以感受到学生是进行全面比较后做出了最优选择。但表达时无法利用逻辑思维系统表达，最终无法使聆听者获得充足信息。既可以表现为回答不完整，也可表现为回答啰唆、重复。）

解释：我们判断回答者是逻辑混乱还是理解错误，取决于在授课过程中是否有其他证据证明学生掌握理解了相关知识。整理抽象思维的最好方法，是令其以具象的形式表现出来。书面语言可以帮助学生表达。

归因：缺少表达逻辑训练，无法把想法归类整理。

对于这类回答，教师应该进行这样的训练：

让学生把自己操作或思考过程中的想法写出来，然后在纸上进行分类，将同一类用一句话表述出，然后按顺序说出。

让学生将所需回答的各项关键词列出，看着关键词回答。（前期需要教师帮助归纳）

在需要复杂汇报的课前，对关键问题进行列表或列项，帮助学生整理思路，让学生对照报告单回答问题。

提问、思考、分类、表达，在课后提炼此类问题的回答方式，让学生按步练习回答。教师可整理题库，让学生课间互问互评。

我们的视野不应局限在科学的课堂教学，不妨看得更开阔些——在孩子全部的课堂学习过程中，他们的思维完成度如何？他们的思维会如何表现？这是一个需要从多维度思考和探索的问题，笔者会陆续开展相关的研究工作。但可以确定的是，关注孩子对教师提出问题的回应，将是教师一种迅速获取孩子理解程度的有效途径。

【教学设计】《我们的衣服材料》

一、教学目标

1.通过分组实验，让学生初步认识到不同的面料，在耐磨性、吸水性、透光性等方面存在差异。

2.在学生根据标准挑选衣服材料的过程中，向学生渗透在实际生活中，要根据不同需求进行不同的选择和设计的思维模式。

3.在研究布料耐磨性、吸水性、透光性等特征的过程中，发展学生自主设计对比试验的能力。

4.在选择材料问题的解决过程中，锻炼学生综合分析问题的能力。

5.在实验过程中，引导学生在自主思考的同时，与小组同学交换意见，合作完成任务。

6.在学习过程中，让学生体会到在生活中，我们需要根据需求进行设计。

7.让学生体会到纺织科技的发展为生活带来的便利。

二、教学重难点

教学重点：通过分组实验，让学生初步认识到不同的面料，在耐磨性、吸水性、透光性等方面存在差异。并能够根据需求，指定标准，选择合适的材料。

教学难点：学生自主设计对比试验，综合分析后选择合适的材料。

三、材料准备

各种面料、剪刀、双面胶、手电、砂纸、磨刀石、蜡烛、尺子、水槽、滴管、放大镜。

四、教学过程

（一）问题导入

学校想为同学们缝制一套夏季校服，可是到了布艺市场就犯了难（出示图片）。各种布料琳琅满目，我们应当选择哪种布料来缝制夏季校服呢？

学生听问题，看图片，思考如何选择。

预设：选××颜色、花纹的，好看。选薄一点的，凉快。

评价：老师非常同意同学们的观点，颜色和图案应当简洁大方。但其实，每一种布料都可以印上不同的颜色和图案，这可以之后去研讨。我们选择布料的关键在于，这种材料要有什么特点。

【设计意图】通过实际问题，引发学生思考，聚焦研究内容。

（二）新授

1.明确需求

想要解决这个问题，我们首先应当根据实际生活考虑：我们对于夏季（PPT强调夏季）校服有什么要求呢？

预设：薄一点，凉快；出汗多，要能吸汗。出汗多，要不吸汗，干得快。

我们夏天一般校服里面只穿内衣，校服往往会与我们娇嫩的皮肤直接接触，想要穿着舒服，校服应该……

刚刚说到校服里面一般只穿内衣，那么就有一个问题出现了（出示图片），你们看，这两种布料有什么区别？应该选哪一种？为什么？

要选不透光（明）的，要不就都被看到了。

评价：更文明。

我们夏天几乎每天上学都要穿着校服，不论什么事情都要穿着它。这么长的时间，衣服的材料要不易撕，耐磨。

（以上特点，副板书记录：透气　轻）

看来，想要选择夏季校服的布料，要求还真不少呢！

【设计意图】明确夏季服装材料的选择需求，向学生渗透根据需求进行设计的思想。

2.比较布料

这些是我们对于布料的要求，咱们来逐一分析一下。一堆布料摆在这里，怎么比较出哪些薄、哪些厚？

学生可能错误预设：重的厚，轻的薄（小组交流一下）。

组织汇报。

评价：以厘米数为标准（板书）。

追问：布料都很薄，怎么量？

（引导，折同样多的折数，压实量）

正确预设：用尺子量。

怎么比较透不透光？

预设：穿上看看；放太阳下看（评：伤害眼睛）。

组织汇报。

评价：以透过光的多少为标准（板书）。

提供手电，小组实验，填写记录。

怎么比较耐磨性？分别说出方法和标准。

透光性等如何比较？分别说出方法和标准。

学生说标准和方法，同学根据可行性互评。

【设计意图】通过比较布料的活动，让学生体会到不同的面料之间，特性也存在着差异。明确在比较的过程中，需要制定比较的标准和方法。

3.聚焦生活

教师提问：之前我们讨论了夏季校服，如果选择冬季校服的面料，应当有哪些要求？

学生讨论，回答。

预设：厚，保暖，不透气等。

总结：根据需求，选择材料。

【设计意图】锻炼学生根据需求进行挑选的思维模式。

（三）总结与拓展

拓展：防火的面料。

学生听，看教师演示。

思考：比较一下，如果用你手中的材料做衣服，它们分别适合来做什么？为什么？

学生讨论，交流。

【设计意图】让学生体会到科技进步给生活带来的便利。

五、教学反思

通过本课的教学，要让学生了解一些生活中常见的纺织材料，并知道不同的纺织材料具有不同的特性，需要根据人们需求选择合适的材料。

在教材中，本课共分成四个部分。第一部分，通过"人们利用什么材料制作衣服来满足需求"的问题设定，让学生清楚不同材料的选择对应不同的需求，知道生活中的衣服材料是多种多样的；第二部分，通过"调查我们的衣服是用什么材料做的"来让学生认识一些生活中常见的纺织材料；第三部分，根据"研究我们衣服材料的性能"，让学生通过比较来认识一些常见纺织材料的特性；第四部分，在"衣服材料的发展"环节中，了解一些材料的发展历史。

综观教材的整体设定可以看出，从一开始了解各种各样的布料出发，再到了解生活中的布料及特性，帮助学生认识纺织材料的知识。而在实际教学过程中，我也发现了一些问题。

虽然教材是先从需求出发，但只是让学生根据材料说需求，并没有让学生根据需求做出选择。这样直接灌输的学习方式，与科学课堂的主动探究的方式是背道而驰的。我们在教学中，对于问题的研究，要首先为学生创设出学习与探究的需求。结合STEM的教学理念，我对本课的教学设计做出了一些调整。

首先结合季节转变，我为学生设计了"学校想要为大家定制夏季校服，同学们帮助学校选择布料"的教学背景。这样，教学的活动就有了一个学生熟悉的真实情景，学生研究起来更加的真实、符合实际。

以此问题展开，学生顺理成章，需要从人们对夏季校服的需求开始探讨。夏季，天气炎热，材料必须要薄、透气；由于校服要每天穿着，因此必须要结实；处于文明的考虑，材料还不能透光；由于贴身穿着，布料还应尽量的柔软舒适。基于对材料需求的分析，学生确定了探究的项目。

接下来，学生就要根据需求，对布料进行比较、挑选。这时，我为各组学生准备了四种不同的布料，全班总共100余种布料，既满足了布料多样性的要求，也为下一课时认识各种各样的布料进行准备。

由于我校的实际情况，本课的教学是在二年级进行。因此结合学生的能力，我对于实验探究的活动，降低了要求，只要让学生能够通过自己的方法，比较出恰当的结论即可，主要的目的放在了对材料的感知上。

最终，学生通过多特征的排名进行汇总，选择出了合适的布料。

这样的设计，场景真实，需求明确，学生学习起来更容易理解，更符合学生整体认知的情况。